Learn French With Short Stories Parallel French & English Vocabulary for Beginners

Clara's Summer Adventures: Explorations and Revelations

French Hacking

Copyright © 2024 French Hacking

All rights reserved. No part of this publication may be reproduced, distributed or transmitted in any form or by any means, including photocopying, recording, or other electronic or mechanical methods, without the prior written permission of the publisher, except in the case of brief quotations embodied in critical reviews and certain other non-commercial uses permitted by copyright law.

Trademarked names appear throughout this book. Rather than use a trademark symbol with every occurrence of a trademarked name, names are used in an editorial fashion, with no intention of infringement of the respective owner's trademark. The information in this book is distributed on an "as is" basis, without warranty. Although every precaution has been taken in the preparation of this work, neither the author nor the publisher shall have any liability to any person or entity with respect to any loss or damage caused or alleged to be caused directly or indirectly by the information contained in this book.

"One language sets you in a corridor for life. Two languages open every door along the way."

- Frank Smith

French Hacking

French Hacking is a revolutionary educational language learning company focused on teaching individuals how to learn French in the shortest time possible. Our mission is for our students to develop a command of the French language by utilizing the hacks, tips, and tricks included in the learning materials we create. We want our students to become confident in their speaking abilities as they advance their conversational skills by teaching what's necessary without having to learn the finer details that don't make much of a difference or aren't even used in the real world.

Unlike our competitors, who have books geared toward multiple languages, our language learning books are dedicated exclusively to learning French. Our focus on only one language allows us to truly concentrate on creating superior educational materials.

Our books are created by native French speakers and then put through a vigorous editing process with two more native French editors and proofreaders to ensure the highest quality content. Rest assured that you are learning proper grammar and syntax as you read through our books.

The unique formatting of our books will give you the best experience possible as you learn French! The bilingual English and French text appear side-by-side for easy reference without needing a dictionary. With fun images for each chapter, you will better visualize the scenes within the story and stay engaged. Reading is an immersive experience, and we want to make learning fun and enjoyable.

There are no other books like ours on the market. Let us help accelerate your journey to learn French with our fun and effective educational materials that make learning French a breeze!

About this book

This book offers a distinctive approach to mastering French through an immersive experience, blending delightful storytelling with a practical learning format.

As you embark on this adventure, you will notice that each chapter is presented twice: once in French alone and once in parallel text with side-by-side translations, featuring the original French text alongside its English counterpart. Our goal is to provide you with an authentic and engaging way to learn French as it is spoken and written.

We want to highlight that the English translations are crafted from the original French, focusing primarily on conveying the meaning and essence of the text. This means that, at times, the translations might not follow the typical structures or idioms of standard English. Such instances are intentional, aiming to give you a deeper understanding of the French language, including its unique expressions and nuances.

This method encourages you to think in French, rather than simply translating words. As you progress through the stories, you will find yourself naturally grasping the French language, appreciating its beauty, and understanding its context more clearly.

Who's it for?

This book is written for students who are just starting out, all the way to intermediate French learners (if you're familiar with the Common European Framework of Reference - CEFR, it would be the equivalent to A1-B1).

Why you'll enjoy this book

- Not a kid's story, they have too many wizards and animals that you don't use in everyday speech.
- The story line is interesting and something you can relate to, unlike children's books.
- There is relevant vocab you can use right away which will motivate you to read more.
- No dictionary needed as there are easy to follow translations next to each paragraph.

How to get the most out of this book

1. Read the chapter all in French and see how much you can pick up on.
2. Read the side by side French/English section to fill in any gaps you weren't able to understand.
3. Download the audio and have a listen.
4. Listen to the audio while simultaneously reading the story.

BONUS!

Enhance your learning experience with a complimentary Audiobook and PDF of this book! Discover the details on the back page.

Table of Contents

Main characters 1
1. Préparatifs pour l'été 2
2. Départ en vacances 15
3. Antibes : un parfum de vraies vacances 28
4. On va faire du bateau 40
5. La plage, les balades, la douceur de vivre 52
6. La fête nationale, le bal des pompiers 64
7. Les derniers jours à Antibes 76
8. Retour à Lyon 87
9. Préparatifs et voyage vers la capitale 99
10. Paris, je t'aime ! 111
Bonus 1 126
Bonus 2 128
Answers 141

Main characters

The French family:

1. Préparatifs pour l'été

Céline revient de chez Christophe en milieu de **matinée**, avec des fleurs, du café et Constance, croisée dans les escaliers. Elles trouvent Clara **confortablement** installée sur le canapé, un thé **à la main** et un livre dans l'autre main. L'**enceinte** diffuse une musique africaine douce et **reposante**. Constance prend un vase pour les fleurs, Céline prépare un café et Scruffles **fait la fête** aux deux arrivantes.

« Tu as passé une bonne soirée ? demande Clara à Céline.

- Excellente ! Film, repas, **dodo**. Christophe cuisine vraiment bien, répond-elle. Tu as des projets pour aujourd'hui ? demande-t-elle **en retour**.

- Pas vraiment, mais je me disais qu'on devrait faire des projets pour cet **été**, dit Clara. Je **veux dire**, on a déjà des projets, mais on devrait s'organiser pour les billets de train, pour que ce soit moins cher, non ? Déterminer nos dates de voyage, prévenir les gens qu'on va **voir**, faire un planning ?

- Absolument ! Il faut faire ça. On va faire ça, » dit Céline, déterminée.

Matinée (f) (nom commun) : morning
Confortablement (adverbe) : comfortably

À la main (locution adverbiale) : in hand
Enceinte (f) (nom commun) : speaker (in this context)
Reposant (adjectif) : relaxing
Faire la fête (locution verbale) : to party, to celebrate
Dodo (m) (nom commun) : sleep
En retour (locution adverbiale) : in return
Été (m) (nom commun) : summer
Vouloir dire (locution verbale) : to mean, to try to say
Voir (verbe) : to see

Céline n'est pas douée pour l'organisation mais elle **sait** que Clara a raison : les billets de train sont vite **chers** si on ne les prend pas **en avance**, surtout pendant les vacances. En fait, il est déjà un peu tard et ça va sûrement coûter un peu cher. C'est la vie ! Elles ne vont pas **renoncer** à leurs vacances pour autant. Constance, qui écoute d'une oreille, se demande quels sont les projets de l'été :

« Alors, vous allez partir ? Vous partez **quand**, vous allez où ? demande-t-elle.

- Alors, dans l'ordre : Antibes, retour à Lyon, Paris et Bruxelles, **résume** Clara.

- Génial ! s'exclame Constance. Et quand ? Je peux vous rejoindre à Paris peut-être ? Vous avez besoin d'aide pour le chien ? Je peux **arroser** vos plantes quand vous êtes absentes ?

- Pour les dates, rien n'est **figé** pour le moment, répond Céline. C'est pour ça qu'il faut qu'on en parle aujourd'hui. Avec plaisir **pour** Paris ! À Antibes, on va voir mon cousin, Adam. Tu es bienvenue aussi mais je ne suis pas sûre qu'il ait une chambre pour **toi**.

- Ah, je voudrais aller à Paris pour voir des copains, explique Constance. Ce serait l'occasion de voyager avec vous ! Mais ça dépend de vos dates. On en parle ? »

Savoir (verbe) : to know
Cher (adjectif) : expensive, costly
En avance (locution adverbiale) : in advance, ahead of time
Renoncer (verbe) : to give up, to abandon
Quand (adverbe) : when

Résumer (verbe) : to summarize
Arroser (verbe) : to water
Figé (adjectif) : set, set in stone
Pour (préposition) : to, for
Toi (pronom) : you

Le café est prêt et les **trois** amies s'installent autour de la table avec l'agenda **sous les yeux**. Alors, pour Antibes, pas besoin de prendre des billets, elles partent en famille, en voiture. D'ailleurs, elles doivent demander confirmation pour les dates exactes, mais elles savent qu'elles partent en début de semaine prochaine, pour quinze jours. La question est : **combien** de temps après partiront-elles pour Paris, et pour combien de jours. Constance propose la dernière semaine du mois de juillet. C'est un bon moment pour aller à Paris, car la plupart des Parisiens sont **en vacances** à ce moment : la ville est beaucoup plus calme ! Céline précise que c'est la même chose à Lyon : fin juillet et début août sont des mois très agréables car très calmes. Il y a beaucoup moins de **circulation**, les terrasses des bistrots ne sont pas bondées, les gens sont **détendus**.

Va pour la dernière semaine de juillet ! Céline **envoie** quelques messages, Constance également, à des amis, pour vérifier qu'ils seront bien là quand elles y seront. Clara écrit à Valentine pour voir si elle pourrait garder Scruffles pendant ce temps-là. Elle a prévu de prendre le petit chien **avec** elle quand ils iront à Antibes, mais elle ne pense pas que ce soit une bonne idée de l'emmener à Paris.

Quand tout est fixé, quand les amis ont répondu et quand Valentine s'est engagée à **garder** la boule de poils, Céline allume son ordinateur pour chercher les billets de train. Lyon – Paris, direct, en **TGV**.

Trois (adjectif) : three
Sous les yeux (locution adverbiale) : in front of your eyes
Combien (adverbe) : how many, how much
En vacances (locution adjectivale) : on vacation, on leave
Circulation (f) (nom commun) : traffic
Détendu (adjectif) : relaxed, calm
Envoyer (verbe) : to send
Avec (préposition) : with
Garder (verbe) : to keep, to take care of
TGV (m) (nom commun) : high-speed-train

« **La vache !** s'exclame-t-elle. C'est déjà super cher !

- C'est combien, fait voir, demande Constance. Soixante-dix euros pour l'aller ! En effet, c'est super cher l'**aller-retour**... Enfin, si on attend plus longtemps, ça va encore **augmenter**.

- C'est comme les billets d'avion ? demande Clara. Ça augmente avec le temps ?

- Oui, la SNCF ça marche comme ça... C'est très énervant, mais on n'a pas bien le choix, explique Céline. Allez, on prend les billets **quand même** ? »

Les cartes bleues sont sorties et Constance s'occupe de la réservation. Elle paye pour les trois billets et les filles lui font un **virement** pour la rembourser. Trois billets en seconde classe pour Paris, Gare de Lyon, tôt le matin, « comme ça on peut profiter de la première journée, » ajoute Constance. Constance prend également son billet de retour. Clara et Céline vont partir en Belgique à la fin de leur **séjour** à Paris, alors elles cherchent les dates et les billets de train pour un direct Paris – Bruxelles, puis les billets retour de Bruxelles à Lyon.

Voilà ! Tous les billets sont **réservés**. Les filles ont **dépensé** beaucoup d'argent pour ces billets, mais elles savent que **ça vaut le coup**. Clara rêve déjà de Paris. Elle s'absente dans l'après-midi pour aller à la librairie du quartier, pour acheter un guide touristique de Paris. Elle va lire un maximum de choses sur l'histoire de la ville et **se renseigner** sur les quartiers les plus sympa, les incontournables, les cafés et les bistrots réputés et les promenades à faire. Elle voudrait que ce premier séjour à Paris soit **inoubliable** ! Pendant ce temps, Constance et Céline jouent aux échecs. Ça sent clairement l'été et les vacances ! Repos, jeux, thé et lecture. Même Scruffles **a l'air** plus détendu !

La vache ! (expression) : holy cow!
Aller-retour (m) (nom commun) : round trip
Augmenter (verbe) : to increase
Quand même (locution adverbiale) : still, anyway
Virement (m) (nom commun) : wire transfer
Séjour (m) (nom commun) : stay
Réservé (adjectif) : booked, reserved
Dépenser (verbe) : to spend

Ça vaut le coup (expression) : it's worth it
Se renseigner (verbe pronominal) : to inquire
Inoubliable (adjectif) : unforgettable
Avoir l'air (locution verbale) : to look, to seem

Questions (Chapitre 1)

1. De quoi discutent Clara et Céline à propos des projets de l'été ?
a) Leur prochaine destination
b) Les billets de train et les dates de voyage
c) Les films à regarder
d) Les cours d'été

2. Constance propose d'aider Clara et Céline avec quoi ? (Plusieurs réponses possibles)
a) Les billets de train
b) Arroser les plantes
c) Organiser les vacances
d) Garder le chien pendant leur absence

3. Où envisagent d'aller Clara et Céline pendant l'été ?
a) À Paris
b) À Bruxelles et Antibes
c) À Antibes, Paris et Bruxelles
d) À Antibes et Paris

4. Comment les filles iront-elles à Antibes ?
a) En voiture
b) En train
c) En avion
d) En bateau

5. Que fait Clara après avoir réservé leurs billets de train pour Paris ?
a) Elle joue aux échecs avec Céline
b) Elle se rend à la librairie pour acheter un guide touristique
c) Elle fait des recherches sur les hôtels à Paris
d) Elle appelle ses parents pour partager les plans de voyage

1. Préparatifs pour l'été

Céline revient de chez Christophe en milieu de matinée, avec des fleurs, du café et Constance, croisée dans les escaliers. Elles trouvent Clara confortablement installée sur le canapé, un thé à la main et un livre dans l'autre main. L'enceinte diffuse une musique africaine douce et reposante. Constance prend un vase pour les fleurs, Céline prépare un café et Scruffles fait la fête aux deux arrivantes.

« Tu as passé une bonne soirée ? demande Clara à Céline.

- Excellente ! Film, repas, dodo. Christophe cuisine vraiment bien, répond-elle. Tu as des projets pour aujourd'hui ? demande-t-elle en retour.

- Pas vraiment, mais je me disais qu'on devrait faire des projets pour cet été, dit Clara. Je veux dire, on a déjà des projets, mais on devrait s'organiser pour les billets de train, pour que ce soit moins cher, non ? Déterminer nos dates de voyage, prévenir les gens qu'on va voir, faire un planning ?

- Absolument ! Il faut faire ça. On va faire ça, » dit Céline, déterminée.

Céline n'est pas douée pour l'organisation mais elle sait que Clara a raison : les billets de train sont

1. Getting ready for summer

Céline returns from Christophe's mid-morning with flowers, coffee and Constance, whom she met on the stairs. They find Clara comfortably seated on the sofa, tea in one hand and a book in the other. The speaker plays soft, relaxing African music. Constance picks up a vase for the flowers, Céline prepares a coffee and Scruffles parties with the two arrivals.

"Did you have a good evening? Clara asks Céline.

- Excellent! Movie, dinner, bed. Christophe cooks really well, she replies. Do you have any plans for today?

- Not really, but I was thinking we should make plans for this summer, says Clara. I mean, we've already got plans, but we should make arrangements for train tickets, so it's cheaper, right? Figure out our travel dates, tell the people we're going to see, make a schedule?

- Absolutely! We have to do that. We'll do that," says Céline, determined.

Céline isn't much of an organizer, but she knows that Clara is right: train tickets are expensive if you don't

vite chers si on ne les prend pas en avance, surtout pendant les vacances. En fait, il est déjà un peu tard et ça va sûrement coûter un peu cher. C'est la vie ! Elles ne vont pas renoncer à leurs vacances pour autant. Constance, qui écoute d'une oreille, se demande quels sont les projets de l'été :	book them in advance, especially during the vacations. In fact, it's already a bit late and it's bound to cost a bit more. But that's life! But they're not about to give up their vacation. Constance, listening with one ear, wonders what the summer plans are:
« Alors, vous allez partir ? Vous partez quand, vous allez où ? demande-t-elle.	"So, are you going away? When and where are you going? she asks.
- Alors, dans l'ordre : Antibes, retour à Lyon, Paris et Bruxelles, résume Clara.	- So, in order: Antibes, back to Lyon, Paris and Brussels, Clara sums up.
- Génial ! s'exclame Constance. Et quand ? Je peux vous rejoindre à Paris peut-être ? Vous avez besoin d'aide pour le chien ? Je peux arroser vos plantes quand vous êtes absentes ?	- Great! exclaims Constance. But when? Maybe I can join you in Paris? Do you need help with the dog? Can I water your plants when you're away?
- Pour les dates, rien n'est figé pour le moment, répond Céline. C'est pour ça qu'il faut qu'on en parle aujourd'hui. Avec plaisir pour Paris ! À Antibes, on va voir mon cousin, Adam. Tu es bienvenue aussi mais je ne suis pas sûre qu'il ait une chambre pour toi.	- As for the dates, nothing's set in stone yet, replies Céline. That's why we need to talk about it today. I'd love to come to Paris! In Antibes, we're going to see my cousin Adam. You're welcome too, but I'm not sure there's a room for you.
- Ah, je voudrais aller à Paris pour voir des copains, explique Constance. Ce serait l'occasion de voyager avec vous ! Mais ça dépend de vos dates. On en parle ? »	- Ah, I'd like to go to Paris to see some friends, explains Constance. It would be a great opportunity to travel with you! But it depends on your dates. Shall we talk about it?"
Le café est prêt et les trois amies s'installent autour de la table avec	The coffee is ready and the three friends settle down around the table

l'agenda sous les yeux. Alors, pour Antibes, pas besoin de prendre des billets, elles partent en famille, en voiture. D'ailleurs, elles doivent demander confirmation pour les dates exactes, mais elles savent qu'elles partent en début de semaine prochaine, pour quinze jours. La question est : combien de temps après partiront-elles pour Paris, et pour combien de jours. Constance propose la dernière semaine du mois de juillet. C'est un bon moment pour aller à Paris, car la plupart des Parisiens sont en vacances à ce moment : la ville est beaucoup plus calme ! Céline précise que c'est la même chose à Lyon : fin juillet et début août sont des mois très agréables car très calmes. Il y a beaucoup moins de circulation, les terrasses des bistrots ne sont pas bondées, les gens sont détendus.

Va pour la dernière semaine de juillet ! Céline envoie quelques messages, Constance également, à des amis, pour vérifier qu'ils seront bien là quand elles y seront. Clara écrit à Valentine pour voir si elle pourrait garder Scruffles pendant ce temps-là. Elle a prévu de prendre le petit chien avec elle quand ils iront à Antibes, mais elle ne pense pas que ce soit une bonne idée de l'emmener à Paris.

Quand tout est fixé, quand les amis ont répondu et quand Valentine s'est engagée à garder la boule de poils,

with the agenda in front of them. So, for Antibes, there's no need to buy tickets - they're leaving with their families, by car. They'll have to ask for confirmation of the exact dates, but they know they'll be leaving early next week, for a fortnight. The question is: how soon after that will they leave for Paris, and for how many days? Constance suggests the last week of July. It's a good time to go to Paris, as most Parisians are on vacation at that time: the city is much quieter! Céline points out that it's the same in Lyon: late July and early August are very pleasant months because they're so quiet. There's a lot less traffic, the bistro terraces aren't crowded and people are relaxed.

So much for the last week of July! Céline sends a few messages, as does Constance, to friends, to make sure they'll be there when they get there. Clara writes to Valentine to see if she could look after Scruffles during that time. She plans to take the little dog with her when they go to Antibes, but she doesn't think it's a good idea to take him to Paris.

When everything's settled, when the friends have replied and Valentine has agreed to keep the fur ball, Céline

Céline allume son ordinateur pour chercher les billets de train. Lyon – Paris, direct, en TGV.	turns on her computer to look for the train tickets. Lyon - Paris, direct, by TGV.
« La vache ! s'exclame-t-elle. C'est déjà super cher !	"Holy cow! she exclaims. It's already super expensive!
- C'est combien, fait voir, demande Constance. Soixante-dix euros pour l'aller ! En effet, c'est super cher l'aller-retour... Enfin, si on attend plus longtemps, ça va encore augmenter.	- How much is it? asks Constance. Seventy euros one way! That's right, it's super expensive both ways... Well, if we wait any longer, it'll go up again.
- C'est comme les billets d'avion ? demande Clara. Ça augmente avec le temps ?	- Is it like plane tickets? asks Clara. Does it increase with time?
- Oui, la SNCF ça marche comme ça... C'est très énervant, mais on n'a pas bien le choix, explique Céline. Allez, on prend les billets quand même ? »	- Yes, that's how the SNCF works... It's very irritating, but we don't have much choice, explains Céline. Come on, let's get the tickets anyway!"
Les cartes bleues sont sorties et Constance s'occupe de la réservation. Elle paye pour les trois billets et les filles lui font un virement pour la rembourser. Trois billets en seconde classe pour Paris, Gare de Lyon, tôt le matin, « comme ça on peut profiter de la première journée, » ajoute Constance. Constance prend également son billet de retour. Clara et Céline vont partir en Belgique à la fin de leur séjour à Paris, alors elles cherchent les dates et les billets de train pour un direct Paris – Bruxelles, puis les billets retour de Bruxelles à Lyon.	The credit cards are out and Constance takes care of the booking. She pays for the three tickets and the girls make a transfer to reimburse her. Three second-class tickets to Paris, at Lyon's station, early in the morning, "so we can enjoy the first day," adds Constance. Constance also picks up her return ticket. Clara and Céline will be leaving for Belgium at the end of their stay in Paris, so they are looking for dates and train tickets for a direct trip from Paris to Brussels, then return tickets from Brussels to Lyon.

Voilà ! Tous les billets sont réservés. Les filles ont dépensé beaucoup d'argent pour ces billets, mais elles savent que ça vaut le coup. Clara rêve déjà de Paris. Elle s'absente dans l'après-midi pour aller à la librairie du quartier, pour acheter un guide touristique de Paris. Elle va lire un maximum de choses sur l'histoire de la ville et se renseigner sur les quartiers les plus sympa, les incontournables, les cafés et les bistrots réputés et les promenades à faire. Elle voudrait que ce premier séjour à Paris soit inoubliable ! Pendant ce temps, Constance et Céline jouent aux échecs. Ça sent clairement l'été et les vacances ! Repos, jeux, thé et lecture. Même Scruffles a l'air plus détendu !	That's it! All the tickets are booked. The girls have spent a lot of money on these tickets, but they know it's worth it. Clara is already dreaming of Paris. She takes the afternoon off to go to the local bookshop and buy a tourist guide to Paris. She's going to read as much as she can about the city's history and find out about the nicest neighborhoods, the must-sees, the famous cafés and bistros and the walks to take. She wants her first stay in Paris to be unforgettable! Meanwhile, Constance and Céline are playing chess. It clearly feels like summer and vacation! Rest, games, tea and reading. Even Scruffles looks more relaxed!

Questions (Chapitre 1)

1. De quoi discutent Clara et Céline à propos des projets de l'été ?
a) Leur prochaine destination
b) Les billets de train et les dates de voyage
c) Les films à regarder
d) Les cours d'été

2. Constance propose d'aider Clara et Céline avec quoi ? (Plusieurs réponses possibles)
a) Les billets de train
b) Arroser les plantes
c) Organiser les vacances
d) Garder le chien pendant leur absence

3. Où envisagent d'aller Clara et Céline pendant l'été ?
a) À Paris
b) À Bruxelles et Antibes
c) À Antibes, Paris et Bruxelles
d) À Antibes et Paris

4. Comment les filles iront-elles à Antibes ?
a) En voiture
b) En train
c) En avion
d) En bateau

5. Que fait Clara après avoir réservé leurs billets de train pour Paris ?
a) Elle joue aux échecs avec Céline
b) Elle se rend à la librairie pour acheter un guide touristique
c) Elle fait des recherches sur les hôtels à Paris

Questions (Chapter 1)

1. What are Clara and Céline discussing about summer plans?
a) Their next destination
b) Train tickets and travel dates
c) Movies to watch
d) Summer courses

2. What does Constance offer to help Clara and Céline with? (Multiple answers possible)
a) Train tickets
b) Watering the plants
c) Organizing the vacation
d) Taking care of the dog while they're away

3. Where do Clara and Céline plan to go during the summer?
a) To Paris
b) To Brussels and Antibes
c) To Antibes, Paris, and Brussels
d) To Antibes and Paris

4. How will the girls travel to Antibes?
a) By car
b) By train
c) By plane
d) By boat

5. What does Clara do after booking their train tickets to Paris?
a) She plays chess with Céline
b) She goes to the bookstore to buy a tourist guide
c) She researches hotels in Paris
d) She calls her parents to share the

d) Elle appelle ses parents pour travel plans partager les plans de voyage

2. Départ en vacances

Le lendemain, Céline va **rendre visite à** Marie pendant que Clara va faire le marché. Elle a prévu d'acheter des **plantes** pour la fenêtre, et peut-être quelques cactus. Elle finit le marché les bras chargés de fruits et avec quelques jolies plantes. Comme elle n'a pas de pots, elle demande à un marchand où se rendre pour en acheter. Comme il lui indique le chemin pour la boutique la plus proche, Jules apparaît.

« Bonjour Clara ! dit-il **gaiement**.

- Hey, bonjour Jules ! répond Clara, un peu embarrassée avec ses bras chargés et en pleine conversation avec le commerçant.

- Je vois que vous vous connaissez, intervient le commerçant. Comment vas-tu, mon cher Jules ? »

Clara comprend que Jules est **connu comme le loup blanc** dans le quartier. Cela lui fait très **plaisir**. Le marchand de fleurs termine son explication, Jules lui sort sa classique **sagesse** du jour, lui demandant de ne pas oublier que la nature n'est pas **à vendre**. Clara et le commerçant **rient de bon cœur**, et Jules propose gentiment à Clara de l'aider à porter ses courses. Elle lui fait

entièrement confiance et accepte avec plaisir. Jules la **dépose** devant chez elle, et lui propose de l'attendre pour aller boire un café en terrasse : le temps est superbe, et il est d'humeur bavarde. Clara est d'accord, elle court poser ses courses, prend Scruffles avec elle et redescend **en vitesse** pour le rejoindre. Mais, quand elle arrive en bas, Jules a disparu... « Étrange personnage, » se dit-elle pour elle-même.

> **Rendre visite à** (locution verbale) : to visit
> **Plante** (f) (nom commun) : plant
> **Gaiement** (adverbe) : happily, joyfully
> **Connu comme le loup blanc** (adjectif) : very well known
> **Plaisir** (m) (nom commun) : pleasure, enjoyment
> **Sagesse** (f) (nom commun) : wisdom
> **À vendre** (locution adverbiale) : for sale
> **Rire de bon cœur** (verbe) : to laugh heartily
> **Déposer** (verbe) : to drop off
> **En vitesse** (locution adverbiale) : quickly, rapidly

Elle décide donc de se rendre au **magasin** pour acheter des pots pour ses nouvelles plantes. Elle a aussi besoin de **terreau**, d'un sécateur, d'engrais et de billes d'**argile**. Elle achète aussi des gants car elle **déteste** avoir de la terre sur les mains. Sur le retour de la boutique, elle passe devant une terrasse de café et elle y voit Jules.

« **Bah** alors, Jules, vous m'avez abandonnée ? lance-elle en souriant.

- Ah, je ne voulais pas te **déranger** ! s'exclame-t-il. Excuse-moi, je pensais m'être imposé. Assieds-toi, je t'en prie ! Il est bien mignon, ton animal. Il est tout jeune, n'est-ce pas ?

- Oui, c'est mon Scruffles, explique Clara en s'asseyant. Je l'ai trouvé dans la rue il y a quelques **mois**, c'est encore un **chiot**. Il est adorable et très joueur. »

Clara et Jules prennent un café au soleil et **discutent** gaiement. Clara lui raconte ses projets de vacances. Jules lui fait part des derniers essais philosophiques qu'il a lus. Elle comprend que c'est un grand **lecteur** et se promet de lui trouver quelques livres la prochaine fois qu'elle passera en librairie. Puis le téléphone de Clara se met à vibrer. Elle regarde et découvre un message de Céline, qui lui demande où elle en est. Après un court **échange** de textos, elle comprend que Céline l'attend à l'appartement pour discuter de

vacances. Elle s'excuse auprès de Jules, paye pour leurs deux cafés et file en direction de chez elle, avec ses pots.

Magasin (m) (nom commun) : store, shop
Terreau (m) (nom commun) : compost
Argile (f) (nom commun) : clay
Détester (verbe) : to hate
Bah (interjection) : well
Déranger (verbe) : to disturb, to bother
Mois (m) (nom commun) : month
Chiot (m) (nom commun) : puppy
Discuter (verbe) : to have a conversation, to talk
Lecteur (m) (nom commun) : reader
Échanger (verbe) : to trade, to exchange

Quand elle arrive, Céline a le nez dans une **valise** et les bras chargés de vêtements.

« On part **ce soir** ! Ils auraient pu nous le dire ! J'ai reçu un message de maman ce matin ! **râle** Céline.

- Oh, je suis sûre qu'elle nous l'avait dit, tempère Clara. On avait oublié. Ce n'est pas très grave, on a **quelques** heures ! Je vais faire ma valise. Mais je n'ai pas de **maillot de bain** !

- Prends celui-là, j'en ai deux, propose Céline. Tu en trouveras un sur la côte ! »

Clara met de la musique et commence à faire ses valises. C'est un vrai plaisir : **robes**, t-shirts, shorts, maillot de bain, crème solaire, bouquins. Le rêve ! Pas d'ordinateur, pas de travail. Elle imagine le Sud de la France. Elle **a hâte de** revoir la Méditerranée, et de s'y baigner ! Scruffles, pour sa part, est un peu stressé. Il ne comprend pas très bien ce qui se passe ! Clara a beau le rassurer en lui expliquant qu'il vient lui **aussi**, le petit chien est prostré sur le **canapé**, les yeux tout ronds, les oreilles basses. En vitesse, ensuite, Clara met les plantes en pot. Il y a trois belles plantes **vertes** et deux plantes grasses.

Valise (f) (nom commun) : suitcase
Ce soir (m) (nom commun) : this evening, tonight
Râler (verbe) : to grumble, to complain

Quelques (adjectif) : some, a few
Maillot de bain (m) (nom commun) : swimsuit
Robe (f) (nom commun) : dress
Avoir hâte de (locution verbale) : to look forward to doing [sth]
Aussi (adverbe) : too, also
Canapé (m) (nom commun) : sofa, couch
Vert (adjectif) : green

Céline appelle Constance : « Tu es par **là** ? Ah, super, figure-toi qu'on part ce soir. Je peux te passer les **clefs** de l'appart ? Clara a acheté des plantes, il faudrait les arroser. Ça ne te dérange pas ? Super, tu es un amour. On te laisse une ou deux bières **au frais**. **À tout de suite** ! » Tout semble organisé, très rapidement. Constance passe prendre les clefs, regarde les plantes : aucun problème ! Céline appelle Christophe. Il a l'air déçu mais promet d'**essayer** de descendre en train pour quelques jours.

Une fois les bagages bouclés et leurs affaires rangées, Céline, Clara et Scruffles descendent à pied **jusque** chez les parents de Céline. Toute la famille les attend, Isabelle, Marc, la petite Marie, Mattéo, Patrick et Florence. « Oui, bon, mais on vous fait attendre, mais il fallait nous le rappeler **hier**, » dit Céline, un peu agacée. Patrick **éclate de rire** : « Elle m'avait manqué, ta bonne humeur ! » Céline **bougonne** encore un peu puis toute la famille descend vers les deux voitures pour partir en direction du sud.

En réalité, Céline est ravie. Tout le monde **est aux anges** : la météo est superbe, et on se prépare à passer quinze jours de détente près de la **mer**. Au programme : poissons, fruits de mer, tomates du soleil, mer, plage, bateau, randonnées, balades et soirées prolongées à jouer aux cartes entre amis. Que du bonheur !

Là (adverbe) : there
Clef (f) (nom commun) : key
Au frais (locution adverbiale) : in the cool, in a cool place
À tout de suite (locution adverbiale) : see you very soon
Essayer (verbe) : to try
Jusque (adverbe) : until, till, to
Hier (adverbe) : yesterday
Éclater de rire (locution verbale) : to burst out laughing
Bougonner (verbe) : to grumble
En réalité (locution adverbiale) : in reality, in fact

Être aux anges (locution verbale) : to be over the moon, to be ecstatic
Mer (f) (nom commun) : sea

Questions (Chapitre 2)

1. Pendant que Clara va faire le marché, à qui Céline rend-elle visite ?
a) Ses parents
b) Valentine
c) Christophe
d) Marie

2. Comment Jules propose-t-il d'aider Clara ?
a) Il propose de lui payer ses achats
b) Il lui offre un café en terrasse
c) Il lui propose de l'accompagner pour porter ses courses
d) Il lui offre un bouquet de fleurs

3. Comment Jules réagit-il lorsque Clara lui reproche de l'avoir abandonnée ?
a) Il s'excuse et invite Clara à s'asseoir
b) Il rit et part rapidement
c) Il lui demande de le pardonner
d) Il lui propose de lui offrir un café

4. Pourquoi Céline râle-t-elle en arrivant ?
a) Parce qu'elle a oublié de faire ses valises
b) Parce qu'elle n'a pas de maillot de bain
c) Parce qu'elle vient de recevoir un message de sa mère annonçant leur départ pour ce soir
d) Parce qu'elle ne veut pas partir en vacances

5. Quelle tâche Constance accepte-t-elle de faire pour Clara et Céline avant leur départ ?
a) Arroser les plantes
b) Faire les bagages
c) Faire les courses
d) Prendre soin de Scruffles

2. Départ en vacances

Le lendemain, Céline va rendre visite à Marie pendant que Clara va faire le marché. Elle a prévu d'acheter des plantes pour la fenêtre, et peut-être quelques cactus. Elle finit le marché les bras chargés de fruits et avec quelques jolies plantes. Comme elle n'a pas de pots, elle demande à un marchand où se rendre pour en acheter. Comme il lui indique le chemin pour la boutique la plus proche, Jules apparaît.

« Bonjour Clara ! dit-il gaiement.

- Hey, bonjour Jules ! répond Clara, un peu embarrassée avec ses bras chargés et en pleine conversation avec le commerçant.

- Je vois que vous vous connaissez, intervient le commerçant. Comment vas-tu, mon cher Jules ? »

Clara comprend que Jules est connu comme le loup blanc dans le quartier. Cela lui fait très plaisir. Le marchand de fleurs termine son explication, Jules lui sort sa classique sagesse du jour, lui demandant de ne pas oublier que la nature n'est pas à vendre. Clara et le commerçant rient de bon cœur, et Jules propose gentiment à Clara de l'aider à porter ses courses. Elle lui fait entièrement confiance et accepte avec plaisir. Jules la dépose devant chez elle, et lui propose de l'attendre pour aller boire un café

2. Going on vacation

The next day, Céline visits Marie while Clara goes to the market. She plans to buy some plants for the window, and maybe a few cacti. She finishes the market with her arms full of fruit and a few pretty plants. As she has no pots, she asks a shopkeeper where to go to buy some. As he showed her the way to the nearest store, Jules appeared.

"Hello Clara! he says cheerfully.

- Hey, hello Jules! replies Clara, a little embarrassed with her arms full and in the middle of a conversation with the shopkeeper.

- I see you two know each other, interjects the shopkeeper. How are you, my dear Jules?"

Clara understands that Jules is known by everyone in the neighborhood. This makes her very happy. As the flower-seller finishes his explanation, Jules gives him his classic wisdom of the day, asking him not to forget that nature is not for sale. Clara and the shopkeeper laugh heartily, and Jules kindly offers to help Clara carry her shopping. She trusts him completely and gladly accepts. Jules drops her off in front of her house, and suggests that she wait for him on the terrace for a coffee: the weather

en terrasse : le temps est superbe, et il est d'humeur bavarde. Clara est d'accord, elle court poser ses courses, prend Scruffles avec elle et redescend en vitesse pour le rejoindre. Mais, quand elle arrive en bas, Jules a disparu... « Étrange personnage, » se dit-elle pour elle-même.

Elle décide donc de se rendre au magasin pour acheter des pots pour ses nouvelles plantes. Elle a aussi besoin de terreau, d'un sécateur, d'engrais et de billes d'argile. Elle achète aussi des gants car elle déteste avoir de la terre sur les mains. Sur le retour de la boutique, elle passe devant une terrasse de café et elle y voit Jules.

« Bah alors, Jules, vous m'avez abandonnée ? lance-elle en souriant.

- Ah, je ne voulais pas te déranger ! s'exclame-t-il. Excuse-moi, je pensais m'être imposé. Assieds-toi, je t'en prie ! Il est bien mignon, ton animal. Il est tout jeune, n'est-ce pas ?

- Oui, c'est mon Scruffles, explique Clara en s'asseyant. Je l'ai trouvé dans la rue il y a quelques mois, c'est encore un chiot. Il est adorable et très joueur. »

Clara et Jules prennent un café au soleil et discutent gaiement. Clara lui raconte ses projets de vacances. Jules lui fait part des derniers essais philosophiques qu'il a lus. Elle

is superb, and he's in the mood for a chat. Clara agrees, runs to put down her groceries, takes Scruffles with her and hurries back downstairs to join him. But when she gets downstairs, Jules has disappeared... "Strange character," she says to herself.

So she decides to go to the store to buy pots for her new plants. She also needs potting soil, pruning shears, fertilizer and clay balls. She also buys gloves, as she hates getting dirt on her hands. On the way back from the store, she passes a café terrace where she sees Jules.

"Jules, have you abandoned me? she says, smiling.

- Ah, I didn't want to bother you! he exclaims. I'm sorry, I thought I was intruding. Please, sit down! He's a very cute animal. He's quite young, isn't he?

- Yes, he's my Scruffles, Clara explains as she sits down. I found him on the street a few months ago, and he's still a puppy. He's adorable and very playful."

Clara and Jules have a coffee in the sunshine and chat happily. Clara tells him about her vacation plans. Jules tells her about the latest philosophical essays he's read. She realizes that

comprend que c'est un grand lecteur et se promet de lui trouver quelques livres la prochaine fois qu'elle passera en librairie. Puis le téléphone de Clara se met à vibrer. Elle regarde et découvre un message de Céline, qui lui demande où elle en est. Après un court échange de textos, elle comprend que Céline l'attend à l'appartement pour discuter de vacances. Elle s'excuse auprès de Jules, paye pour leurs deux cafés et file en direction de chez elle, avec ses pots.	he's a great reader and promises to find him a few books the next time she's in a bookshop. Then Clara's phone begins to vibrate. She looks down and discovers a message from Céline, asking where she is. After a short exchange of text messages, she understands that Céline is waiting for her at the apartment to discuss vacation. She apologizes to Jules, pays for their two coffees and heads for home with her pots.
Quand elle arrive, Céline a le nez dans une valise et les bras chargés de vêtements.	When she arrives, Céline has her nose in a suitcase and her arms full of clothes.
« On part ce soir ! Ils auraient pu nous le dire ! J'ai reçu un message de maman ce matin ! râle Céline.	"We're leaving tonight! They could have told us! I got a message from Mum this morning!
- Oh, je suis sûre qu'elle nous l'avait dit, tempère Clara. On avait oublié. Ce n'est pas très grave, on a quelques heures ! Je vais faire ma valise. Mais je n'ai pas de maillot de bain !	- Oh, I'm sure she'd already told us, moderates Clara. We just forgot. It's no big deal, we've got a few hours! I'll go and pack. But I don't have a bathing suit!
- Prends celui-là, j'en ai deux, propose Céline. Tu en trouveras un sur la côte ! »	- Take this one, I've got two, suggests Céline. You'll find one on the coast!"
Clara met de la musique et commence à faire ses valises. C'est un vrai plaisir : robes, t-shirts, shorts, maillot de bain, crème solaire, bouquins. Le rêve ! Pas d'ordinateur, pas de travail. Elle imagine le Sud de la France. Elle a hâte de revoir la Méditerranée, et de	Clara puts on some music and starts packing. It's a real pleasure: dresses, t-shirts, shorts, swimsuit, sun cream, books. A dream come true! No computer, no job. She imagines the South of France. She can't wait to see the Mediterranean again, and swim

s'y baigner ! Scruffles, pour sa part, est un peu stressé. Il ne comprend pas très bien ce qui se passe ! Clara a beau le rassurer en lui expliquant qu'il vient lui aussi, le petit chien est prostré sur le canapé, les yeux tout ronds, les oreilles basses. En vitesse, ensuite, Clara met les plantes en pot. Il y a trois belles plantes vertes et deux plantes grasses.

Céline appelle Constance : « Tu es par là ? Ah, super, figure-toi qu'on part ce soir. Je peux te passer les clefs de l'appart ? Clara a acheté des plantes, il faudrait les arroser. Ça ne te dérange pas ? Super, tu es un amour. On te laisse une ou deux bières au frais. À tout de suite ! » Tout semble organisé, très rapidement. Constance passe prendre les clefs, regarde les plantes : aucun problème ! Céline appelle Christophe. Il a l'air déçu mais promet d'essayer de descendre en train pour quelques jours.

Une fois les bagages bouclés et leurs affaires rangées, Céline, Clara et Scruffles descendent à pied jusque chez les parents de Céline. Toute la famille les attend, Isabelle, Marc, la petite Marie, Mattéo, Patrick et Florence. « Oui, bon, mais on vous fait attendre, mais il fallait nous le rappeler hier, » dit Céline, un peu agacée. Patrick éclate de rire : « Elle m'avait manqué, ta bonne humeur ! » Céline bougonne encore un peu puis toute la famille descend vers les deux voitures pour partir en direction du

in it! Scruffles, for his part, is a little stressed. He doesn't quite understand what's going on! No matter how much Clara reassures him that he's coming too, the little dog is prostrate on the sofa, eyes round and ears low. Clara then hurriedly potted the plants. There are three beautiful green plants and two succulents.

Céline calls Constance: "Are you around? Oh, great, we're leaving tonight. Can I give you the keys to the flat? Clara bought some plants, but they need watering. Would you mind? Great, you're a doll. We'll leave you a couple of beers in the fridge. See you in a bit!" Everything seems to be organized very quickly. Constance picks up the keys, looks at the plants: no problem! Céline calls Christophe. He looks disappointed, but promises to try and get off the train for a few days.

With their bags packed and their belongings stowed away, Céline, Clara and Scruffles walk down to Céline's parents' house. The whole family is waiting for them: Isabelle, Marc, little Marie, Mattéo, Patrick and Florence. "Yes, well, we're keeping you waiting, but you should have reminded us yesterday," says Céline, a little annoyed. Patrick bursts out laughing: "I've missed your good mood!" Céline grumbles a little more, then the whole family heads down to the two cars to head

sud.	south.
En réalité, Céline est ravie. Tout le monde est aux anges : la météo est superbe, et on se prépare à passer quinze jours de détente près de la mer. Au programme : poissons, fruits de mer, tomates du soleil, mer, plage, bateau, randonnées, balades et soirées prolongées à jouer aux cartes entre amis. Que du bonheur !	In reality, Céline is delighted. Everyone's ecstatic: the weather's superb, and we're getting ready to spend a relaxing fortnight by the sea. On the agenda: fish, seafood, sun-drenched tomatoes, sea, beach, boat, hikes, walks and long evenings playing cards with friends. What happiness!

Questions (Chapitre 2)

1. Pendant que Clara va faire le marché, à qui Céline rend-elle visite ?
a) Ses parents
b) Valentine
c) Christophe
d) Marie

2. Comment Jules propose-t-il d'aider Clara ?
a) Il propose de lui payer ses achats
b) Il lui offre un café en terrasse
c) Il lui propose de l'accompagner pour porter ses courses
d) Il lui offre un bouquet de fleurs

3. Comment Jules réagit-il lorsque Clara lui reproche de l'avoir abandonnée ?
a) Il s'excuse et invite Clara à s'asseoir
b) Il rit et part rapidement
c) Il lui demande de le pardonner
d) Il lui propose de lui offrir un café

4. Pourquoi Céline râle-t-elle en arrivant ?
a) Parce qu'elle a oublié de faire ses valises
b) Parce qu'elle n'a pas de maillot de bain
c) Parce qu'elle vient de recevoir un message de sa mère annonçant leur départ pour ce soir
d) Parce qu'elle ne veut pas partir en vacances

5. Quelle tâche Constance accepte-

Questions (Chapter 2)

1. While Clara goes to the market, who is Celine visiting?
a) Her parents
b) Valentine
c) Christophe
d) Marie

2. How does Jules offer to help Clara?
a) He offers to pay for her purchases
b) He invites her for a coffee on the terrace
c) He offers to accompany her to carry her groceries
d) He gives her a bouquet of flowers

3. How does Jules react when Clara reproaches him for leaving her?
a) He apologizes and invites Clara to sit down
b) He laughs and quickly leaves
c) He asks her to forgive him
d) He suggests buying her a coffee

4. Why does Celine grumble upon her arrival?
a) Because she forgot to pack her bags
b) Because she doesn't have a swimsuit
c) Because she just received a message from her mother announcing their departure for tonight
d) Because she doesn't want to go on vacation

5. What task does Constance agree

t-elle de faire pour Clara et Céline avant leur départ ?	to do for Clara and Celine before their departure?
a) Arroser les plantes	a) Water the plants
b) Faire les bagages	b) Pack the luggage
c) Faire les courses	c) Do the shopping
d) Prendre soin de Scruffles	d) Take care of Scruffles

3. Antibes : un parfum de vraies vacances

Le voyage en voiture est un peu long. Isabelle et Marc ont besoin de s'arrêter plusieurs fois car la petite Marie **pleure** beaucoup. C'est son premier trajet en voiture et elle doit se sentir un peu inquiète. Aussi, elle a souvent faim et il faut changer sa **couche**. Pour **passer le temps**, Clara et Céline jouent à des jeux : **deviner** les départements des voitures qu'elles croisent (les **plaques d'immatriculation** indiquent les numéros des départements), deviner le mot auquel pense l'autre... S'il faut en temps normal quatre heures et quarante cinq minutes pour effectuer le trajet, avec les nombreux **arrêts**, la famille met presque six heures et arrive tard dans la nuit à la maison d'Adam et de sa famille.

En arrivant, ils **garent** leurs voitures dans le jardin devant la jolie maison. La température est idéale ; **enfin**, il fait un peu chaud, mais tout le monde est ravi de cette **chaleur**, habituelle dans le Sud de la France. On entend les **grillons** dans la végétation. Patrick dit à Clara que la journée, ce ne sont pas les grillons que l'on entend : ce sont les cigales. « Tu verras, c'est un son très caractéristique du Sud, on **adore** ça ! »

Pleurer (verbe) : to cry

Couche (f) (nom commun) : diaper
Passer le temps (locution verbale) : to pass the time, to kill time
Deviner (verbe) : to guess, to figure out
Plaque d'immatriculation (f) (nom commun) : license plate
Arrêt (m) (nom commun) : stop
Garer (verbe) : to park
Enfin (adverbe) : finally, last
Chaleur (f) (nom commun) : heat
Grillon (m) (nom commun) : cricket
Adorer (verbe) : to love, to like

La porte d'entrée est **ouverte**, tout le monde est couché, mais les parents ont préparé les chambres et ont laissé les restes du dîner sur la table de la cuisine, ainsi qu'un petit mot de bienvenue et une bouteille de vin ouverte à leur intention. L'**atmosphère** est paisible, la maison est très jolie et **douillette**. Le lit de Scruffles est installé dans la cuisine : il s'endort immédiatement ! « Pas comme Marie, » bougonne Isabelle, un peu fatiguée. En effet, Marie s'est calmée, mais elle n'a **presque** pas dormi aujourd'hui et elle a beaucoup pleuré. Les parents sont épuisés ! Patrick sert un verre de vin à chacun, sauf à Mattéo et à Isabelle, car elle **allaite** encore sa petite fille. Elle enrage : un petit apéritif lui ferait le plus grand bien ! Marc la taquine gentiment et lui promet un Château Cheval Blanc de vingt ans d'âge dès qu'elle pourra boire **à nouveau**. Isabelle compte bien là-dessus.

Heureusement, les lits sont confortables et la maison, très calme. Comme la plupart des **lumières** sont éteintes, l'ambiance est **feutrée** et Clara ne découvre qu'en partie la maison. Céline et elle partagent la même chambre, à l'étage. Les parents de Céline sont installés dans la chambre voisine, et Mattéo a son lit aménagé dans la salle du **fond**, qui est aussi la pièce où il y a la télévision et une bibliothèque. Quant à Isabelle, Marc, et la petite Marie, ils sont installés dans une chambre un peu **à l'écart**, avec une salle de bain privative. C'est un luxe bienvenu pour les jeunes parents qui ont souvent besoin de se lever durant la nuit. En plus, les lits sont très confortables et la chaleur est supportable **grâce à** la présence de **ventilateurs**.

Ouvert (adjectif) : open
Atmosphère (f) (nom commun) : environment, atmosphere
Douillet (adjectif) : cozy
Presque (adverbe) : almost, nearly
Allaiter (verbe) : to breastfeed

À nouveau (locution adverbiale) : again, once more
Lumière (f) (nom commun) : light
Feutré (adjectif) : muted
Fond (m) (nom commun) : back, bottom
À l'écart (locution adverbiale) : sitting apart
Grâce à (locution prépositionnelle) : because of, thanks to
Ventilateur (m) (nom commun) : fan, ventilator

Avant de se coucher, Céline ferme les lourds **volets** de bois. Clara est impressionnée par cette belle maison provençale. Quand Céline a ouvert la **fenêtre** pour fermer les volets, Clara a clairement entendu le bruit des **vagues**.

« C'est la mer qu'on entend ? demande-t-elle.

- Oui ! Nous sommes tout près de la mer, répond Céline. Tu vas voir **en plein jour**, la maison est très belle, le jardin aussi, idéal pour les longues soirées après la **plage**. On va passer de super vacances ! Et tu vas rencontrer Adam, c'est le **fils** de Gérard et Michelle. Ce sont des amis de longue date de mes parents. Adam a notre âge, il est super sympa.

- **Chouette** ! se réjouit Clara. Bon, je suis crevée. C'était une grosse journée ! On **a bien de la chance** d'avoir une voisine si sympa qui va s'occuper de mes nouvelles plantes. Je bouquine un peu et je dors ! Bonne nuit ma belle ! »

Les filles s'allongent dans leurs lits **respectifs**, lisent chacune quelques pages puis s'endorment profondément. Le matin, elles sont réveillées par un son de **trompette** : Adam a piqué la trompette de son père pour réveiller la famille. Cela aurait été une bonne **blague**, si cela n'avait pas également réveillé Marie, qui faisait sa sieste du matin après son premier **biberon**... Isabelle est furieuse, mais elle se contient. Tout le monde sort des chambres et se retrouve dans la cuisine, et Marie pleure ; Adam se confond en excuses.

Volet (m) (nom commun) : shutter
Fenêtre (f) (nom commun) : window
Vague (f) (nom commun) : wave
En plein jour (locution adverbiale) : in broad daylight
Plage (f) (nom commun) : beach
Fils (m) (nom commun) : son
Chouette (adjectif) : great

Avoir de la chance (locution verbale) : to be lucky
Respectif (adjectif) : respective
Trompette (f) (nom commun) : trumpet
Blague (f) (nom commun) : joke
Biberon (m) (nom commun) : baby's bottle

« Pas de mal, Adam, dit Marc pour le rassurer, tandis qu'Isabelle lui **lance un regard noir.**

- Quel plaisir de vous voir ! s'exclame Gérard, en prenant la petite Marie dans ses **bras** pour essayer de la calmer.

- Plaisir partagé, **ajoute** Florence.

- Vous avez fait bonne route ? demande Michelle.

- Un peu long, mais oui, une route facile ! répond Florence. Voici donc notre fille **adoptive** pour un an, je te présente Clara, notre américaine favorite ! »

Les présentations se poursuivent avec Marie, Clara, Adam, **autour d'**un petit déjeuner copieux composé de pain de campagne, de **miel** de lavande, de beurre fermier et de confitures maison. Clara se régale. Tout est simple, mais les produits sont tellement bons que tout est délicieux.

Après le petit déjeuner, toute la famille se décide pour une promenade **à pied** en direction du centre-ville, situé à 30 minutes à pied. **Sur** le chemin, on voit la mer, de belles maisons, et les montagnes **en arrière-plan.** Les paysages sont superbes et la météo est fantastique. La mer est si bleue, Clara n'a jamais vu ça. Sur la place du marché, dans le centre, on s'arrête pour prendre un café, discuter et parler du programme des jours **suivants.** On parle de cuisine, de bateau, de **pêche,** de promenades et d'après-midi à la plage. Clara est émerveillée : de vraies vacances à la française dans le Sud de la France ! Quand on lui demande ce qu'elle voudrait faire, elle répond, avec enthousiasme : « Tout ça ! Je veux tout faire et ne rien faire, tout me va ! » Cela **fait rire** toute la famille. Cet enthousiasme est contagieux, et les parents se lèvent pour aller faire le marché. Il s'agit de préparer les **repas** pour ce midi et ce soir...

Lancer un regard noir (locution verbale) : to glare, to give someone a dirty look

Bras (m) (nom commun) : arm
Ajouter (verbe) : to add
Adoptif (adjectif) : adopted
Autour de (préposition) : around
Miel (m) (nom commun) : honey
À pied (locution adverbiale) : on foot
Sur (préposition) : on
En arrière-plan (locution adverbiale) : in the background
Suivant (adjectif) : next, following
Pêche (f) (nom commun) : fishing
Faire rire (locution verbale) : to make somebody laugh
Repas (m) (nom commun) : meal

Questions (Chapitre 3)

1. Qu'est-ce qui occupe Clara et Céline pendant le voyage en voiture ?
a) Lire des livres
b) Regarder des films
c) Jouer à deviner les départements des voitures
d) Dormir

2. Où est installé le lit de Scruffles dans la maison ?
a) Dans la chambre des parents
b) Dans la chambre de Clara et Céline
c) Dans la chambre de Mattéo
d) Dans la cuisine

3. Pourquoi Isabelle ne peut-elle pas prendre un verre de vin avec les autres ?
a) Parce qu'elle est allergique au vin
b) Parce qu'elle ne boit jamais d'alcool
c) Parce qu'elle allaite encore sa fille
d) Parce qu'elle n'aime pas le vin

4. Qui réveille la famille avec une trompette le matin ?
a) Marc
b) Adam
c) Mattéo
d) Gérard

5. Où se dirige la famille pour une promenade après le petit déjeuner ?
a) Au marché
b) Au centre-ville
c) À la plage
d) À la montagne

3. Antibes : un parfum de vraies vacances

Le voyage en voiture est un peu long. Isabelle et Marc ont besoin de s'arrêter plusieurs fois car la petite Marie pleure beaucoup. C'est son premier trajet en voiture et elle doit se sentir un peu inquiète. Aussi, elle a souvent faim et il faut changer sa couche. Pour passer le temps, Clara et Céline jouent à des jeux : deviner les départements des voitures qu'elles croisent (les plaques d'immatriculation indiquent les numéros des départements), deviner le mot auquel pense l'autre... S'il faut en temps normal quatre heures et quarante cinq minutes pour effectuer le trajet, avec les nombreux arrêts, la famille met presque six heures et arrive tard dans la nuit à la maison d'Adam et de sa famille.

En arrivant, ils garent leurs voitures dans le jardin devant la jolie maison. La température est idéale ; enfin, il fait un peu chaud, mais tout le monde est ravi de cette chaleur, habituelle dans le Sud de la France. On entend les grillons dans la végétation. Patrick dit à Clara que la journée, ce ne sont pas les grillons que l'on entend : ce sont les cigales. « Tu verras, c'est un son très caractéristique du Sud, on adore ça ! »

La porte d'entrée est ouverte, tout le monde est couché, mais les parents ont préparé les chambres et

3. Antibes: the scent of a real vacation

The car journey is a little long. Isabelle and Marc need to stop several times because little Marie is crying a lot. It's her first car journey and she must be feeling a bit worried. She's also often hungry and needs a diaper change. To pass the time, Clara and Céline play games: guess the departments of the cars they pass (the license plates indicate the department numbers), guess the word the other is thinking of... While the journey normally takes four hours and forty-five minutes, with the many stops the family takes almost six hours, arriving late at night at the home of Adam and his family.

On arrival, they park their cars in the garden in front of the pretty house. The temperature is ideal; well, a little hot, but everyone is delighted with the warmth, which is usual in the South of France. Crickets can be heard in the vegetation. Patrick tells Clara that during the day, it's not the crickets you hear: it's the cicadas. "You'll see, it's a very characteristic sound of the South, we love it!"

The front door is open, everyone is in bed, but the parents have prepared the rooms and left the leftovers from

ont laissé les restes du dîner sur la table de la cuisine, ainsi qu'un petit mot de bienvenue et une bouteille de vin ouverte à leur intention. L'atmosphère est paisible, la maison est très jolie et douillette. Le lit de Scruffles est installé dans la cuisine : il s'endort immédiatement ! « Pas comme Marie, » bougonne Isabelle, un peu fatiguée. En effet, Marie s'est calmée, mais elle n'a presque pas dormi aujourd'hui et elle a beaucoup pleuré. Les parents sont épuisés ! Patrick sert un verre de vin à chacun, sauf à Mattéo et à Isabelle, car elle allaite encore sa petite fille. Elle enrage : un petit apéritif lui ferait le plus grand bien ! Marc la taquine gentiment et lui promet un Château Cheval Blanc de vingt ans d'âge dès qu'elle pourra boire à nouveau. Isabelle compte bien là-dessus.

Heureusement, les lits sont confortables et la maison, très calme. Comme la plupart des lumières sont éteintes, l'ambiance est feutrée et Clara ne découvre qu'en partie la maison. Céline et elle partagent la même chambre, à l'étage. Les parents de Céline sont installés dans la chambre voisine, et Mattéo a son lit aménagé dans la salle du fond, qui est aussi la pièce où il y a la télévision et une bibliothèque. Quant à Isabelle, Marc, et la petite Marie, ils sont installés dans une chambre un peu à l'écart, avec une salle de bain privative. C'est un luxe bienvenu pour les jeunes parents qui ont souvent

dinner on the kitchen table, along with a welcome note and an open bottle of wine for them. The atmosphere is peaceful, and the house is very pretty and cosy. Scruffles' bed is set up in the kitchen: he falls asleep immediately! "Not like Marie," grumbles Isabelle, a little tired. Indeed, Marie has calmed down, but she's hardly slept today, and she's been crying a lot. The parents are exhausted! Patrick serves a glass of wine to everyone except Mattéo and Isabelle, as she is still breastfeeding her little girl. She's furious: a little aperitif would do her a world of good! Marc gently teases her and promises her a twenty-year-old Château Cheval Blanc as soon as she can drink again. Isabelle is counting on it.

Fortunately, the beds are comfortable and the house very quiet. As most of the lights are off, the atmosphere is hushed, and Clara is only just discovering part of the house. She and Céline share the same bedroom, upstairs. Céline's parents are in the room next door, and Mattéo has his bed in the back room, which is also the TV room and library. As for Isabelle, Marc, and little Marie, they have their own room, with its own private bathroom. This is a welcome luxury for young parents who often need to get up during the night. What's more, the beds are very comfortable and the heat is bearable

besoin de se lever durant la nuit. En plus, les lits sont très confortables et la chaleur est supportable grâce à la présence de ventilateurs.

Avant de se coucher, Céline ferme les lourds volets de bois. Clara est impressionnée par cette belle maison provençale. Quand Céline a ouvert la fenêtre pour fermer les volets, Clara a clairement entendu le bruit des vagues.

« C'est la mer qu'on entend ? demande-t-elle.

- Oui ! Nous sommes tout près de la mer, répond Céline. Tu vas voir en plein jour, la maison est très belle, le jardin aussi, idéal pour les longues soirées après la plage. On va passer de super vacances ! Et tu vas rencontrer Adam, c'est le fils de Gérard et Michelle. Ce sont des amis de longue date de mes parents. Adam a notre âge, il est super sympa.

- Chouette ! se réjouit Clara. Bon, je suis crevée. C'était une grosse journée ! On a bien de la chance d'avoir une voisine si sympa qui va s'occuper de mes nouvelles plantes. Je bouquine un peu et je dors ! Bonne nuit ma belle ! »

Les filles s'allongent dans leurs lits respectifs, lisent chacune quelques pages puis s'endorment profondément. Le matin, elles sont réveillées par un son de trompette :

thanks to the presence of fans.

Before going to bed, Céline closes the heavy wooden shutters. Clara is impressed by this beautiful Provencal house. When Céline opened the window to close the shutters, Clara clearly heard the sound of the waves.

"Is that the sea? she asks.

- Yes, we're very close to the sea, replies Céline. You'll see in daylight, the house is beautiful, and so is the garden, ideal for long evenings after the beach. We're going to have a great vacation! And you'll meet Adam, Gérard and Michelle's son. They're old friends of my parents. Adam's our age, and he's really nice.

- Great! Clara rejoices. Well, I'm exhausted. It's been a big day! We're lucky to have such a nice neighbor to look after my new plants. I'll read a bit and then go to sleep! Good night, beautiful!"

The girls lie down in their respective beds, read a few pages each and then fall soundly asleep. In the morning, they are awakened by the sound of a trumpet: Adam has stolen his father's

Adam a piqué la trompette de son père pour réveiller la famille. Cela aurait été une bonne blague, si cela n'avait pas également réveillé Marie, qui faisait sa sieste du matin après son premier biberon... Isabelle est furieuse, mais elle se contient. Tout le monde sort des chambres et se retrouve dans la cuisine, et Marie pleure ; Adam se confond en excuses.

« Pas de mal, Adam, dit Marc pour le rassurer, tandis qu'Isabelle lui lance un regard noir.

- Quel plaisir de vous voir ! s'exclame Gérard, en prenant la petite Marie dans ses bras pour essayer de la calmer.

- Plaisir partagé, ajoute Florence.

- Vous avez fait bonne route ? demande Michelle.

- Un peu long, mais oui, une route facile ! répond Florence. Voici donc notre fille adoptive pour un an, je te présente Clara, notre américaine favorite ! »

Les présentations se poursuivent avec Marie, Clara, Adam, autour d'un petit déjeuner copieux composé de pain de campagne, de miel de lavande, de beurre fermier et de confitures maison. Clara se régale. Tout est simple, mais les produits sont tellement bons que tout est délicieux.

trumpet to wake the family. It would have been a good joke, if it hadn't also woken Marie, who was taking her morning nap after her first bottle... Isabelle was furious, but contained herself. Everyone leaves the rooms and goes into the kitchen, where Marie cries and Adam apologizes.

"No harm done, Adam, says Marc to reassure him, while Isabelle glares at him.

- What a pleasure to see you! exclaims Gérard, taking little Marie in his arms to try and calm her down.

- A pleasure shared, adds Florence.

- Did you have a good journey? asks Michelle.

- A little long, but yes, an easy road! replies Florence. So here's our adopted daughter for a year, Clara, our favorite American!"

Introductions continue with Marie, Clara and Adam, over a hearty breakfast of farmhouse bread, lavender honey, farm butter and homemade jams. Clara is delighted. Everything is simple, but the products are so good that everything is delicious.

Après le petit déjeuner, toute la famille se décide pour une promenade à pied en direction du centre-ville, situé à 30 minutes à pied. Sur le chemin, on voit la mer, de belles maisons, et les montagnes en arrière-plan. Les paysages sont superbes et la météo est fantastique. La mer est si bleue, Clara n'a jamais vu ça. Sur la place du marché, dans le centre, on s'arrête pour prendre un café, discuter et parler du programme des jours suivants. On parle de cuisine, de bateau, de pêche, de promenades et d'après-midi à la plage. Clara est émerveillée : de vraies vacances à la française dans le Sud de la France ! Quand on lui demande ce qu'elle voudrait faire, elle répond, avec enthousiasme : « Tout ça ! Je veux tout faire et ne rien faire, tout me va ! » Cela fait rire toute la famille. Cet enthousiasme est contagieux, et les parents se lèvent pour aller faire le marché. Il s'agit de préparer les repas pour ce midi et ce soir…	After breakfast, the whole family decides to take a walk to the town center, a 30-minute walk away. On the way, we see the sea, beautiful houses and the mountains in the background. The scenery is superb and the weather is fantastic. The sea is so blue, Clara has never seen anything like it. In the market square in the center of town, we stop for coffee, chat and talk about the next few days' program. We talk about cooking, boating, fishing, walks and afternoons at the beach. Clara is amazed: a real French vacation in the South of France! When asked what she'd like to do, she enthusiastically replies, "All of it! I want to do everything and nothing, everything suits me!" It makes the whole family laugh. This enthusiasm is contagious, and the parents get up to go to the market. They have to prepare meals for lunch and dinner…

Questions (Chapitre 3)	Questions (Chapter 3)

1. Qu'est-ce qui occupe Clara et Céline pendant le voyage en voiture ?
a) Lire des livres
b) Regarder des films
c) Jouer à deviner les départements des voitures
d) Dormir

1. What keeps Clara and Céline occupied during the car journey?
a) Reading books
b) Watching movies
c) Playing guessing games with cars' license plate departments
d) Sleeping

2. Où est installé le lit de Scruffles dans la maison ?
a) Dans la chambre des parents
b) Dans la chambre de Clara et Céline
c) Dans la chambre de Mattéo
d) Dans la cuisine

2. Where is Scruffles' bed set up in the house?
a) In the parents' room
b) In Clara and Céline's room
c) In Mattéo's room
d) In the kitchen

3. Pourquoi Isabelle ne peut-elle pas prendre un verre de vin avec les autres ?
a) Parce qu'elle est allergique au vin
b) Parce qu'elle ne boit jamais d'alcool
c) Parce qu'elle allaite encore sa fille
d) Parce qu'elle n'aime pas le vin

3. Why can't Isabelle have a glass of wine with the others?
a) Because she's allergic to wine
b) Because she never drinks alcohol
c) Because she's still breastfeeding her daughter
d) Because she doesn't like wine

4. Qui réveille la famille avec une trompette le matin ?
a) Marc
b) Adam
c) Mattéo
d) Gérard

4. Who wakes the family up with a trumpet in the morning?
a) Marc
b) Adam
c) Mattéo
d) Gérard

5. Où se dirige la famille pour une promenade après le petit déjeuner ?
a) Au marché
b) Au centre-ville
c) À la plage
d) À la montagne

5. Where does the family head for a walk after breakfast?
a) To the market
b) To the city center
c) To the beach
d) To the mountains

4. On va faire du bateau

En rentrant à la maison, toute la famille s'est affairée : Clara a proposé son aide à la cuisine, Céline a commencé à préparer une salade, pendant ce temps, Adam **mettait la table**. Le petit chien courait après les **papillons** dans le jardin. Florence préparait le barbecue et Patrick préparait le poisson avec Gérard. Michelle, elle, préparait une **tarte aux fruits**.

La table mise et les plats mis au four et sur le barbecue, tout le monde s'installe enfin, **à l'ombre** du parasol, près des arbres. Clara comprend ce que Patrick lui disait **la veille** : on entend beaucoup les **grillons** la nuit, mais les **cigales** font un bruit terrible pendant la journée ! C'est très beau, mais incessant et très **bruyant**. C'est un son qui ne semble déranger personne. Le rosé est ouvert et les verres se remplissent, l'apéritif se déroule, accompagné de quelques olives, de tapenade et de conversations tranquilles. Adam évoque le bateau :

« Clara, tu as déjà été sur un **bateau** en mer ? demande-t-il.

- Alors jamais, pas que je me souvienne **en tout cas**, répond-elle. Ce serait merveilleux, est-ce que c'est facile ?

- Tu n'auras rien à faire, mais on pourra t'apprendre si tu te sens à l'aise, la rassure Gérard. Nous avons un petit **voilier** sur la côte. On pourrait sortir **pêcher** cet après-midi : il n'y a pas trop de vent, la mer est calme. Ça vous tente ? »

> **Mettre la table** (locution verbale) : to set the table
> **Papillon** (m) (nom commun) : butterfly
> **Tarte aux fruits** (f) (nom commun) : fruit tart
> **À l'ombre** (locution adverbiale) : in the shade
> **La veille** (f) (nom commun) : they day before
> **Grillon** (m) (nom commun) : cricket
> **Cigale** (f) (nom commun) : cicada
> **Bruyant** (adjectif) : noisy
> **Bateau** (m) (nom commun) : boat
> **En tout cas** (locution adverbiale) : in any case
> **Voilier** (m) (nom commun) : sailboat, sailing boat
> **Pêcher** (verbe) : to fish, to go fishing

Tout le monde répond avec enthousiasme, sauf Patrick et Michelle, qui décident de rester à la maison pour s'occuper du dîner et pour **bouquiner**. Scruffles, bien sûr, n'est pas le bienvenu sur le bateau **non plus**. Quand le déjeuner est terminé – la tarte aux fraises était fantastique – Clara et Céline vont se préparer pour le bateau : robe légère sur maillot de bain, **crème solaire**, lunettes de soleil, chapeau et **serviette de bain**. Clara veut prendre un livre, et son téléphone, mais Céline l'arrête : ils risquent d'être **mouillés**.

La petite équipe se rend vers le port, où le bateau est attaché. C'est un joli **bateau à voile**, avec un **ponton** en bois et une belle **coque** blanche et bleue. Clara monte pour la toute première fois sur un bateau. Le soleil est encore haut dans le ciel et la **brise** est légère. Gérard explique à Clara quelques règles de sécurité : se tenir quand on marche sur le bateau, ne pas marcher trop près du bord, faire attention aux cordages et aux éléments situés au sol en marchant. Aussi, faire très attention à la voile lors d'un changement de bord, car la grande barre qui maintient la voile va tourner et risque de heurter sa tête et l'envoyer par-dessus bord. Comme Clara semble toujours un peu inquiète, Adam lui passe un **gilet de sauvetage**. Mais tout le monde est sûr que ça va bien se passer : les conditions sont idéales !

Adam commence à sortir les voiles, et Florence, visiblement habituée, **démarre** le moteur pour sortir le bateau de la marina. Chacun est rapidement

assigné à un rôle bien précis. S'occuper de la grande voile : ça l'impressionne un peu, mais Adam est à côté d'elle et lui explique que faire **au fur et à mesure**. Céline s'occupe du foc, la voile de devant. Florence cède la barre à Gérard, qui dirige les opérations. Florence, de son côté, ouvre la porte de l'**habitacle** du bateau et va chercher de l'eau, des verres, du saucisson et du pain.

Bouquiner (verbe) : to read
Non plus (adverbe) : either, neither, nor
Crème solaire (f) (nom commun) : sunscreen, sun cream
Serviette de bain (f) (nom commun) : bath towel
Mouillé (adjectif) : wet
Bateau à voile (m) (nom commun) : sailing boat, sailboat
Ponton (m) (nom commun) : pontoon, deck
Coque (f) (nom commun) : shell, hull, husk
Brise (f) (nom commun) : breeze
Gilet de sauvetage (m) (nom commun) : life jacket
Démarrer (verbe) : to start, to begin
Au fur et à mesure (locution adverbiale) : gradually, bit by bit
Habitacle (m) (nom commun) : cabin

Soudain, le bateau commence à avancer assez rapidement, et Gérard coupe le moteur : ils sont sortis de la **baie** et les voiles sont gonflées par le vent. Clara est très impressionnée. Elle sent le vent dans ses cheveux et le mouvement du bateau qui glisse sur l'eau et **casse** les quelques petites vagues. Quelques gouttes salées viennent **éclabousser** son visage. Alors qu'elle avait très chaud quelques minutes **auparavant**, avec son gilet, sous le soleil de plomb, elle a presque froid. C'est une sensation très agréable. Mais elle reste concentrée sur son travail : elle doit tenir la grande voile et écouter attentivement les conseils d'Adam.

Gérard, pour lui montrer, pratique un changement de bord : il faut faire prendre un **virage** au bateau et la voile perd le vent : il faut donc la faire passer de l'autre côté pour qu'elle reprenne le vent. Les sensations sont incroyables ! Clara **prend confiance**, et elle adore ça. Après une bonne demi-heure à **longer** la côte, regarder le paysage, profiter des sensations, Gérard décide de stopper le bateau progressivement. Il s'agit d'**enrouler** progressivement les voiles pour que le bateau s'arrête doucement. On jette l'**ancre**, située à l'avant du bateau, pour que le bateau reste au même endroit.

Florence sort le matériel de pêche. Il y a plusieurs **cannes à pêche**, des

asticots pour attirer le poisson, des **hameçons**, un **seau** pour récupérer le poisson quand il est attrapé. On confie une canne à Clara et une à Adam, qui lui montre comment faire : placer l'asticot sur l'hameçon, lancer le fil de la canne à pêche. C'est tellement drôle ! Et très vite, ça mord ! Clara sent comme une forte tension au bout de son fil. Gérard vient l'aider pour tirer le poisson hors de l'eau : il faut enrouler le fil progressivement tout en tirant. Clara pense que le poisson est très gros ; en réalité, il est de taille moyenne. Il en faudra d'autres pour nourrir toute la famille ! Quelques oiseaux de mer volent autour du bateau, intéressés par l'activité. Céline envoie du pain pour les nourrir, et c'est un beau spectacle.

La pêche dure encore une heure ou deux, puis, quand ils décident qu'ils ont **suffisamment** de poisson, Adam reprend la barre pour faire repartir le bateau. L'ancre est levée, les voiles sont sorties à nouveau et le bateau reprend sa belle course pour retourner au port. Clara observe l'arrivée au port : toutes voiles rentrées, au moteur, Adam ramène le bateau à son **emplacement** avec talent. C'est le moment où Clara le regarde un peu mieux : elle le trouve, soudain, très beau. Et cela la trouble un peu...

Baie (f) (nom commun) : bay
Casser (verbe) : to break
Éclabousser (verbe) : to splash, to splatter
Auparavant (adverbe) : before, previously
Virage (m) (nom commun) : turn, curve, corner
Prendre confiance (locution verbale) : to gain confidence
Longer (verbe) : to go along, to follow along
Enrouler (verbe) : to roll up
Ancre (f) (nom commun) : anchor
Canne à pêche (f) (nom commun) : fishing rod
Asticot (m) (nom commun) : maggot
Hameçon (m) (nom commun) : hook
Seau (m) (nom commun) : bucket
Suffisamment (adverbe) : enough
Emplacement (m) (nom commun) : spot, place, location

Questions (Chapitre 4)

1. Que fait Scruffles pendant que la famille prépare le repas ?
a) Il court après les papillons dans le jardin
b) Il dort sur son lit
c) Il reste sur le canapé
d) Il joue avec la petite Marie

2. Pourquoi Patrick et Michelle décident-ils de rester à la maison ?
a) Ils ne veulent pas aller sur le bateau
b) Ils préfèrent rester à la maison pour s'occuper du dîner et lire
c) Ils ne se sentent pas bien
d) Ils veulent profiter du soleil dans le jardin

3. Quels vêtements portent Clara et Céline pour aller sur le bateau ?
a) Des vêtements chauds
b) Des robes de soirée
c) Des robes légères sur des maillots de bain
d) Des tenues de plongée

4. Quelle est la réaction de Clara pendant le changement de bord ?
a) Elle a peur et veut arrêter
b) Elle perd confiance et demande à descendre du bateau
c) Elle prend confiance et adore ça
d) Elle se sent malade et a besoin de s'asseoir

5. Quelle est la première réaction de Clara lorsqu'elle sent une forte tension au bout de son fil de pêche ?
a) Elle appelle à l'aide
b) Elle pense que le poisson est très gros
c) Elle se met à rire
d) Elle jette sa canne à pêche par-dessus bord

4. On va faire du bateau

En rentrant à la maison, toute la famille s'est affairée : Clara a proposé son aide à la cuisine, Céline a commencé à préparer une salade, pendant ce temps, Adam mettait la table. Le petit chien courait après les papillons dans le jardin. Florence préparait le barbecue et Patrick préparait le poisson avec Gérard. Michelle, elle, préparait une tarte aux fruits.

La table mise et les plats mis au four et sur le barbecue, tout le monde s'installe enfin, à l'ombre du parasol, près des arbres. Clara comprend ce que Patrick lui disait la veille : on entend beaucoup les grillons la nuit, mais les cigales font un bruit terrible pendant la journée ! C'est très beau, mais incessant et très bruyant. C'est un son qui ne semble déranger personne. Le rosé est ouvert et les verres se remplissent, l'apéritif se déroule, accompagné de quelques olives, de tapenade et de conversations tranquilles. Adam évoque le bateau :

« Clara, tu as déjà été sur un bateau en mer ? demande-t-il.

- Alors jamais, pas que je me souvienne en tout cas, répond-elle. Ce serait merveilleux, est-ce que c'est facile ?

- Tu n'auras rien à faire, mais on

4. We are going boating

When we got home, the whole family got busy: Clara offered to help in the kitchen, Céline started preparing a salad, while Adam set the table. The little dog chased butterflies in the garden. Florence was preparing the barbecue and Patrick was preparing the fish with Gérard. Michelle was preparing a fruit tart.

With the table set and the dishes put in the oven and on the barbecue, everyone finally settled down in the shade of the parasol by the trees. Clara understands what Patrick told her the day before: you can hear the crickets a lot at night, but the cicadas make a terrible noise during the day! It's beautiful, but incessant and very noisy. It's a sound that doesn't seem to bother anyone. The rosé is opened and the glasses filled, the aperitif unfolds, accompanied by a few olives, tapenade and quiet conversation. Adam mentions the boat:

"Clara, have you ever been on a boat at sea? he asks.

- Not that I can remember, she replies. It would be wonderful, but is it easy?

- You won't have to do anything,

pourra t'apprendre si tu te sens à l'aise, la rassure Gérard. Nous avons un petit voilier sur la côte. On pourrait sortir pêcher cet après-midi : il n'y a pas trop de vent, la mer est calme. Ça vous tente ? »

Tout le monde répond avec enthousiasme, sauf Patrick et Michelle, qui décident de rester à la maison pour s'occuper du dîner et pour bouquiner. Scruffles, bien sûr, n'est pas le bienvenu sur le bateau non plus. Quand le déjeuner est terminé – la tarte aux fraises était fantastique – Clara et Céline vont se préparer pour le bateau : robe légère sur maillot de bain, crème solaire, lunettes de soleil, chapeau et serviette de bain. Clara veut prendre un livre, et son téléphone, mais Céline l'arrête : ils risquent d'être mouillés.

La petite équipe se rend vers le port, où le bateau est attaché. C'est un joli bateau à voile, avec un ponton en bois et une belle coque blanche et bleue. Clara monte pour la toute première fois sur un bateau. Le soleil est encore haut dans le ciel et la brise est légère. Gérard explique à Clara quelques règles de sécurité : se tenir quand on marche sur le bateau, ne pas marcher trop près du bord, faire attention aux cordages et aux éléments situés au sol en marchant. Aussi, faire très attention à la voile lors d'un changement de bord, car la grande barre qui maintient la voile va tourner et risque de heurter sa

but we can teach you if you feel comfortable, Gérard reassures her. We have a small sailboat on the coast. We could go fishing this afternoon: it's not too windy, the sea is calm. Would you like to?"

Everyone responds enthusiastically, except Patrick and Michelle, who decide to stay at home to cook dinner and read. Scruffles, of course, isn't welcome on the boat either. When lunch is over - the strawberry tart was fantastic - Clara and Céline go to get ready for the boat: light dress over swimsuit, sun cream, sunglasses, hat and towel. Clara wants to take a book, and her phone, but Céline stops her: they risk getting wet.

The little team heads for the harbor, where the boat is tied up. It's a pretty sailboat, with a wooden pontoon and a beautiful white and blue hull. Clara climbs aboard for the very first time. The sun is still high in the sky and the breeze is light. Gérard explains a few safety rules to Clara: hold on when walking on the boat, don't walk too close to the edge, be careful of ropes and ground features when walking. Also, be very careful with the sail when changing tack, as the large bar that holds the sail in place will turn and may hit her head, sending her overboard. As Clara still seems a little worried, Adam passes her a

tête et l'envoyer par-dessus bord. Comme Clara semble toujours un peu inquiète, Adam lui passe un gilet de sauvetage. Mais tout le monde est sûr que ça va bien se passer : les conditions sont idéales !

Adam commence à sortir les voiles, et Florence, visiblement habituée, démarre le moteur pour sortir le bateau de la marina. Chacun est rapidement assigné à un rôle bien précis. S'occuper de la grande voile : ça l'impressionne un peu, mais Adam est à côté d'elle et lui explique que faire au fur et à mesure. Céline s'occupe du foc, la voile de devant. Florence cède la barre à Gérard, qui dirige les opérations. Florence, de son côté, ouvre la porte de l'habitacle du bateau et va chercher de l'eau, des verres, du saucisson et du pain.

Soudain, le bateau commence à avancer assez rapidement, et Gérard coupe le moteur : ils sont sortis de la baie et les voiles sont gonflées par le vent. Clara est très impressionnée. Elle sent le vent dans ses cheveux et le mouvement du bateau qui glisse sur l'eau et casse les quelques petites vagues. Quelques gouttes salées viennent éclabousser son visage. Alors qu'elle avait très chaud quelques minutes auparavant, avec son gilet, sous le soleil de plomb, elle a presque froid. C'est une sensation très agréable. Mais elle reste concentrée sur son travail : elle doit tenir la grande voile et écouter

lifejacket. But everyone's sure she'll be fine: the conditions are ideal!

Adam starts to take out the sails, and Florence, obviously used to it, starts the engine to take the boat out of the marina. Everyone is quickly assigned a specific role. Being in charge of the mainsail: she's a bit impressed, but Adam is right beside her, explaining what to do as she goes along. Céline takes care of the jib, the front sail. Florence hands over the helm to Gérard, who directs operations. Florence, for her part, opens the cabin door and fetches water, glasses, sausage and bread.

Suddenly, the boat starts to move forward quite rapidly, and Gérard cuts the engine: they're out of the bay and the sails are billowing in the wind. Clara is very impressed. She feels the wind in her hair and the movement of the boat as it glides over the water, breaking the few small waves. A few salty drops splash onto her face. Just a few minutes earlier, she'd been so hot in her vest under the blazing sun, but now she's almost cold. It's a very pleasant sensation. But she stays focused on her work: she has to hold the mainsail and listen carefully to Adam's advice.

attentivement les conseils d'Adam.

Gérard, pour lui montrer, pratique un changement de bord : il faut faire prendre un virage au bateau et la voile perd le vent : il faut donc la faire passer de l'autre côté pour qu'elle reprenne le vent. Les sensations sont incroyables ! Clara prend confiance, et elle adore ça. Après une bonne demi-heure à longer la côte, regarder le paysage, profiter des sensations, Gérard décide de stopper le bateau progressivement. Il s'agit d'enrouler progressivement les voiles pour que le bateau s'arrête doucement. On jette l'ancre, située à l'avant du bateau, pour que le bateau reste au même endroit.

Florence sort le matériel de pêche. Il y a plusieurs cannes à pêche, des asticots pour attirer le poisson, des hameçons, un seau pour récupérer le poisson quand il est attrapé. On confie une canne à Clara et une à Adam, qui lui montre comment faire : placer l'asticot sur l'hameçon, lancer le fil de la canne à pêche. C'est tellement drôle ! Et très vite, ça mord ! Clara sent comme une forte tension au bout de son fil. Gérard vient l'aider pour tirer le poisson hors de l'eau : il faut enrouler le fil progressivement tout en tirant. Clara pense que le poisson est très gros ; en réalité, il est de taille moyenne. Il en faudra d'autres pour nourrir toute la famille ! Quelques oiseaux de mer volent autour du bateau, intéressés

To show him, Gérard practiced a change of tack: the boat had to be made to take a bend and the sail lost the wind, so it had to be made to pass on the other side to regain the wind. The sensations are incredible! Clara's confidence is growing, and she loves it. After a good half-hour sailing along the coast, looking at the scenery and enjoying the sensations, Gérard decides to stop the boat gradually. This involves gradually furling the sails to bring the boat to a gentle stop. The anchor, located at the bow of the boat, is dropped so that the boat stays in the same place.

Florence takes out the fishing gear. There are several fishing rods, maggots to attract fish, hooks and a bucket to catch the fish when they're caught. Clara is given one rod and Adam one, and he shows her how it's done: placing the maggot on the hook, casting the fishing line. It's so much fun! And very quickly, it's biting! Clara feels a strong tension at the end of her line. Gérard comes to help her pull the fish out of the water: you have to wind the line up gradually as you pull. Clara thinks the fish is very big; in reality, it's medium-sized. We'll need more to feed the whole family! A few seabirds fly around the boat, interested in the activity. Céline sends bread to feed them, and it's a beautiful sight.

par l'activité. Céline envoie du pain pour les nourrir, et c'est un beau spectacle.

La pêche dure encore une heure ou deux, puis, quand ils décident qu'ils ont suffisamment de poisson, Adam reprend la barre pour faire repartir le bateau. L'ancre est levée, les voiles sont sorties à nouveau et le bateau reprend sa belle course pour retourner au port. Clara observe l'arrivée au port : toutes voiles rentrées, au moteur, Adam ramène le bateau à son emplacement avec talent. C'est le moment où Clara le regarde un peu mieux : elle le trouve, soudain, très beau. Et cela la trouble un peu...

The fishing lasts another hour or two, and then, when they decide they have enough fish, Adam takes the helm again to get the boat moving again. The anchor is raised, the sails are set again, and the boat is on its way back to port. Clara observes the arrival at the harbor: all sails up, under engine, Adam skilfully brings the boat back to its mooring. This is the moment when Clara takes a better look at him: she suddenly finds him very handsome. And that confuses her a little...

Questions (Chapitre 4)

1. Que fait Scruffles pendant que la famille prépare le repas ?
a) Il court après les papillons dans le jardin
b) Il dort sur son lit
c) Il reste sur le canapé
d) Il joue avec la petite Marie

2. Pourquoi Patrick et Michelle décident-ils de rester à la maison ?
a) Ils ne veulent pas aller sur le bateau
b) Ils préfèrent rester à la maison pour s'occuper du dîner et lire
c) Ils ne se sentent pas bien
d) Ils veulent profiter du soleil dans le jardin

3. Quels vêtements portent Clara et Céline pour aller sur le bateau ?
a) Des vêtements chauds
b) Des robes de soirée
c) Des robes légères sur des maillots de bain
d) Des tenues de plongée

4. Quelle est la réaction de Clara pendant le changement de bord ?
a) Elle a peur et veut arrêter
b) Elle perd confiance et demande à descendre du bateau
c) Elle prend confiance et adore ça
d) Elle se sent malade et a besoin de s'asseoir

5. Quelle est la première réaction de Clara lorsqu'elle sent une forte tension au bout de son fil de pêche ?
a) Elle appelle à l'aide

Questions (Chapter 4)

1. What does Scruffles do while the family prepares the meal?
a) He chases butterflies in the garden
b) He sleeps on his bed
c) He stays on the couch
d) He plays with little Marie

2. Why do Patrick and Michelle decide to stay at home?
a) They don't want to go on the boat
b) They prefer to stay home to take care of dinner and read
c) They don't feel well
d) They want to enjoy the sun in the garden

3. What clothes do Clara and Céline wear to go on the boat?
a) Warm clothes
b) Evening dresses
c) Light dresses over swimsuits
d) Diving suits

4. What is Clara's reaction during the tack manoeuvre?
a) She's scared and wants to stop
b) She loses confidence and asks to get off the boat
c) She gains confidence and loves it
d) She feels sick and needs to sit down

5. What is Clara's first reaction when she feels a strong tension at the end of her fishing line?
a) She calls for help

b) Elle pense que le poisson est très gros
c) Elle se met à rire
d) Elle jette sa canne à pêche par-dessus bord

b) She thinks the fish is very big
c) She starts laughing
d) She throws her fishing rod overboard

5. La plage, les balades, la douceur de vivre

L'après-midi en bateau était si bien que Clara en **redemande**. Presque tous les jours, la famille et les amis vont faire quelques heures de bateau. Clara progresse vite et Gérard la met bientôt **à la barre**. Le sentiment de naviguer le bateau est très **grisant**, et la jeune femme y prend vraiment plaisir. Elle communique avec Adam, à la grande voile ou au foc, et bientôt elle peut même **gérer** à la fois une voile et la navigation.

Les déjeuners et les dîners sont presque tous constitués de poissons **fraîchement** pêchés, de fruits et de légumes de saison. Dans ses temps libres, qui sont nombreux, Clara bouquine ou passe du temps à discuter avec Céline et Adam. Le matin, quand le soleil n'est pas trop fort, ils vont à la plage, avec leurs livres et un jeu de cartes. Les filles **bronzent** rapidement - Clara **a** même **pris** un léger **coup de soleil** dans les premiers jours, mais rien de bien grave. Elle a appris de nombreux jeux de cartes avec Adam et un ami à lui : le tarot, la belote et la coinche n'ont plus de secrets pour elle. Elle a déjà terminé deux livres et elle se sent vraiment relaxée.

Quand ils ont une petite faim, ils vont acheter une **glace**. Et quand ils ont trop chaud, ils vont se baigner. Mais **à mesure que** la saison avance, la plage **se remplit** de plus en plus, et les trois amis commencent à trouver qu'il y a

trop de monde. Le sud de la France est très populaire, et c'est une destination **incontournable** des touristes français et étrangers. Bientôt, ils sont entourés de familles bruyantes et ils veulent un peu de tranquillité.

Redemander (verbe) : to ask again, to ask for more
À la barre (locution adverbiale) : at the helm, in command/control
Grisant (adjectif) : exhilarating
Gérer (verbe) : to manage, to handle, to deal with
Fraîchement (adverbe) : freshly
Bronzer (verbe) : to tan, to turn brown
Prendre un coup de soleil (locution verbale) : to get a sunburn
Glace (f) (nom commun) : ice cream
À mesure que (locution conjonction) : as
Se remplir (verbe pronominal) : to fill
Incontournable (adjectif) : unmissable, must-see

Heureusement, Adam connaît des **endroits** un peu **cachés** qui sont bien moins fréquentées. C'est parce qu'ils sont plus difficiles d'accès : les **calanques**. En voiture, ils se rapprochent des calanques, puis descendent à pied dans les rochers pour atteindre ces plages de rocher très préservées. C'est un peu moins confortable que le **sable**, mais c'est plus aventureux, plus tranquille, et il y a aussi des occasions de **plonger** depuis les falaises, d'observer les poissons dans les rochers... Clara s'est acheté un masque, un **tuba** et des palmes, et elle passe un temps fou sous l'eau à observer les **méduses**, les poissons, les fonds marins. Un jour, ils s'approchent d'une belle calanque en bateau. Clara et Céline sont si à l'aise sur le bateau que Gérard laisse les trois jeunes naviguer seuls – à condition qu'ils soient prudents.

Clara fait, en même temps, plus ample connaissance avec Adam. Derrière un caractère assez fier, Adam possède un grand sens de l'humour et une grande gentillesse. Il adore lire, jouer, voyager. Il aime parler anglais et essaye souvent de changer de langue quand ils parlent. Mais Clara **a pris l'habitude** de parler français, et les discussions sont plus fluides en français. Adam et Clara s'entendent **à merveille**. Ils se découvrent plein de **points communs** : la musique, les films, les idées... Souvent, quand Céline est au téléphone avec Christophe, Adam et Clara en profitent pour **s'éclipser**. Ils vont se promener, boire une bière ensemble, faire une partie de cartes à deux. Clara se rend bien compte qu'elle est **sous le charme**... Mais elle n'ose rien faire ni rien dire. Déjà, Adam est un peu plus âgé qu'elle. Aussi, il vit à Antibes, et dans deux semaines, elle sera de retour à Lyon. Et **surtout**, c'est un ami de Céline et de

sa famille, et Clara craint que ce ne soit un peu mal placé de sa part. Enfin, elle n'imagine même pas qu'elle puisse plaire à ce beau jeune homme, sûr de lui, sympa et drôle.

Endroit (m) (nom commun) : place, spot
Caché (adjectif) : hidden, secret
Calanque (f) (nom commun) : rocky inlet
Sable (m) (nom commun) : sand
Plonger (verbe) : to dive
Tuba (m) (nom commun) : snorkel
Méduse (f) (nom commun) : jellyfish
Prendre l'habitude (locution verbale) : to get used to
À merveille (locution adverbiale) : wonderfully
Point commun (m) (nom commun) : in common
S'éclipser (verbe pronominal) : to slip away, to disappear
Sous le charme (locution prépositionnelle) : under [sb]'s spell
Surtout (adverbe) : especially, particularly

Les jours se suivent et se ressemblent, mais ne sont jamais **ennuyeux**. Cuisine, pêche, bateau, apéritif, livres, jeux, discussions, siestes. Un jour, Gérard propose de prendre la voiture pour aller voir les montagnes, non loin d'Antibes, dans l'**arrière-pays**. Tout le monde accepte avec joie, et le matin, on prépare un pique-nique copieux, avec saucisson, salade, fromage, pain et fruits, une tarte aux fruits, spécialité de Michelle, un peu de vin et des bouteilles d'eau. Deux voitures sont nécessaires pour aller vers les montagnes. Marc a un sac à dos spécial pour porter la petite Marie, et Isabelle **se réjouit**, car la plage et le bateau ne sont pas très adaptés aux tout petits bébés.

La promenade est superbe. Un peu fatigante, mais **ça vaut le coup** : la végétation est magnifique, les petits villages sont pleins de charme. Et, depuis la montagne, la vue sur la mer est tout simplement **somptueuse**. Quand on a bien marché, on s'arrête sur un **promontoire**, avec un point de vue dégagé sur la mer. Le pique-nique est déballé, consommé, et on s'attarde longuement à discuter, assis en face de la vue, **dos** à la montagne. Scruffles qui est bien sûr venu aussi, n'a jamais été aussi heureux : il court partout, **farfouille** dans les **buissons**, cherche et ne trouve rien, fait fuir quelques lapins et une foule de sauterelles. Heureusement, il est obéissant et il revient toujours quand sa maîtresse l'appelle !

Au bout de quelques heures, Michelle lance le départ : il est temps de

redescendre si on veut arriver à temps pour préparer le repas. Le pique-nique est remballé, tous les **déchets**, évidemment, sont ramassés, et on attaque la redescente vers la voiture. Sur la route, la voiture de Gérard s'arrête dans un petit supermarché pour **prendre de l'essence** et acheter quelques **denrées** importantes : quelques épices, de l'huile d'olive, un peu de fromage et quelques éléments manquants à la maison.

Quand ils arrivent à la maison, la routine reprend : préparation du barbecue, installation de la table, apéritif et dîner puis jeux de cartes sous le ciel étoilé, au son des vagues et des grillons. Vraiment, Clara se dit qu'elle pourrait faire ça toute sa vie sans **se lasser** !

Ennuyeux (adjectif) : boring, dull
Arrière-pays (m) (nom commun) : hinterland, inland region
Se réjouir (verbe pronominal) : to be happy, to be pleased/glad
Ça vaut le coup (expression) : it's worth it
Somptueux (adjectif) : splendid, sumptuous
Promontoire (m) (nom commun) : promontory
Dos (m) (nom commun) : back
Farfouiller (verbe) : to rummage through
Buisson (m) (nom commun) : bush, shrub
Déchets (m, pl) (nom commun) : rubbish, trash
Prendre de l'essence (locution verbale) : to get gas
Denrée (f) (nom commun) : food items
Se lasser (verbe pronominal) : to get tired, to get bored

Questions (Chapitre 5)

1. Quels types de repas la famille et les amis consomment-ils principalement pendant leurs vacances ?
a) Des plats cuisinés dans des restaurants locaux
b) Des plats à base de viande et de pommes de terre
c) Des poissons fraîchement pêchés, des fruits et des légumes de saison
d) Des plats exotiques de différents pays

2. Qu'est-ce qui rend les calanques moins fréquentées que les plages ordinaires ?
a) Elles sont plus éloignées de la ville
b) Elles sont moins confortables que les plages ordinaires
c) Elles sont moins intéressantes que les plages ordinaires
d) Elles sont plus difficiles d'accès

3. Comment la famille se rend-elle dans les calanques ?
a) En voiture
b) En bus
c) À pied
d) En bateau

4. Quel est le but de la sortie en voiture proposée par Gérard ?
a) Aller à la plage
b) Visiter les montagnes dans l'arrière-pays
c) Faire une excursion en bateau
d) Faire du shopping en ville

5. Quels sont les éléments inclus dans le pique-nique pour la sortie en montagne ?
a) Des saucisses et des steaks
b) Des sandwichs au thon
c) Du saucisson, de la salade, du fromage, du pain, des fruits, et une tarte aux fruits
d) Des hamburgers et des frites

5. La plage, les balades, la douceur de vivre

L'après-midi en bateau était si bien que Clara en redemande. Presque tous les jours, la famille et les amis vont faire quelques heures de bateau. Clara progresse vite et Gérard la met bientôt à la barre. Le sentiment de naviguer le bateau est très grisant, et la jeune femme y prend vraiment plaisir. Elle communique avec Adam, à la grande voile ou au foc, et bientôt elle peut même gérer à la fois une voile et la navigation.

Les déjeuners et les dîners sont presque tous constitués de poissons fraîchement pêchés, de fruits et de légumes de saison. Dans ses temps libres, qui sont nombreux, Clara bouquine ou passe du temps à discuter avec Céline et Adam. Le matin, quand le soleil n'est pas trop fort, ils vont à la plage, avec leurs livres et un jeu de cartes. Les filles bronzent rapidement - Clara a même pris un léger coup de soleil dans les premiers jours, mais rien de bien grave. Elle a appris de nombreux jeux de cartes avec Adam et un ami à lui : le tarot, la belote et la coinche n'ont plus de secrets pour elle. Elle a déjà terminé deux livres et elle se sent vraiment relaxée.

Quand ils ont une petite faim, ils vont acheter une glace. Et quand ils ont trop chaud, ils vont se baigner. Mais à mesure que la saison avance,

5. The beach, the strolls, the gentle way of life

The afternoon on the boat was so good that Clara asked for more. Almost every day, family and friends go boating for a few hours. Clara progressed quickly, and Gérard soon put her at the helm. The feeling of sailing the boat is very exhilarating, and the young woman really enjoys it. She communicates with Adam, at the mainsail or the jib, and soon she can even manage both a sail and the navigation.

Lunch and dinner consist almost entirely of freshly caught fish and seasonal fruit and vegetables. In her spare time, which is plentiful, Clara reads or spends time chatting with Céline and Adam. In the mornings, when the sun isn't too strong, they go to the beach with their books and a game of cards. The girls tan quickly - Clara even got a slight sunburn in the first few days, but nothing too serious. She has learned many card games from Adam and a friend of his: tarot, belote and coinche hold no secrets for her. She's already finished two books and feels really relaxed.

When they're hungry, they go for ice cream. And when they're too hot, they go for a swim. But as the season progresses, the beach becomes

la plage se remplit de plus en plus, et les trois amis commencent à trouver qu'il y a trop de monde. Le sud de la France est très populaire, et c'est une destination incontournable des touristes français et étrangers. Bientôt, ils sont entourés de familles bruyantes et ils veulent un peu de tranquillité.

Heureusement, Adam connaît des endroits un peu cachés qui sont bien moins fréquentés. C'est parce qu'ils sont plus difficiles d'accès : les calanques. En voiture, ils se rapprochent des calanques, puis descendent à pied dans les rochers pour atteindre ces plages de rocher très préservées. C'est un peu moins confortable que le sable, mais c'est plus aventureux, plus tranquille, et il y a aussi des occasions de plonger depuis les falaises, d'observer les poissons dans les rochers... Clara s'est acheté un masque, un tuba et des palmes, et elle passe un temps fou sous l'eau à observer les méduses, les poissons, les fonds marins. Un jour, ils s'approchent d'une belle calanque en bateau. Clara et Céline sont si à l'aise sur le bateau que Gérard laisse les trois jeunes naviguer seuls – à condition qu'ils soient prudents.

Clara fait, en même temps, plus ample connaissance avec Adam. Derrière un caractère assez fier, Adam possède un grand sens de l'humour et une grande gentillesse. Il adore lire, jouer, voyager. Il aime

increasingly crowded, and the three friends begin to feel that it's too crowded. The south of France is very popular, and a must-see destination for tourists from France and abroad. Soon, they're surrounded by noisy families and want some peace and quiet.

Fortunately, Adam knows of some hidden spots that are much less crowded. That's because they're harder to get to: the calanques. By car, they get close to the calanques, then walk down into the rocks to reach these very unspoilt rocky beaches. It's a little less comfortable than the sand, but it's more adventurous, quieter, and there are also opportunities to dive from the cliffs, to observe the fish in the rocks... Clara has bought herself a mask, snorkel and flippers, and spends an inordinate amount of time underwater, observing jellyfish, fish and the seabed. One day, they approach a beautiful calanque by boat. Clara and Céline are so comfortable on the boat that Gérard lets the three youngsters sail on their own - provided they're careful.

At the same time, Clara gets to know Adam better. Behind his rather proud character, Adam has a great sense of humor and kindness. He loves to read, play and travel. He loves to speak English and often tries to

parler anglais et essaye souvent de changer de langue quand ils parlent. Mais Clara a pris l'habitude de parler français, et les discussions sont plus fluides en français. Adam et Clara s'entendent à merveille. Ils se découvrent plein de points communs : la musique, les films, les idées... Souvent, quand Céline est au téléphone avec Christophe, Adam et Clara en profitent pour s'éclipser. Ils vont se promener, boire une bière ensemble, faire une partie de cartes à deux. Clara se rend bien compte qu'elle est sous le charme... Mais elle n'ose rien faire ni rien dire. Déjà, Adam est un peu plus âgé qu'elle. Aussi, il vit à Antibes, et dans deux semaines, elle sera de retour à Lyon. Et surtout, c'est un ami de Céline et de sa famille, et Clara craint que ce ne soit un peu mal placé de sa part. Enfin, elle n'imagine même pas qu'elle puisse plaire à ce beau jeune homme, sûr de lui, sympa et drôle.

switch languages when they talk. But Clara has become used to speaking French, and discussions flow more smoothly in French. Adam and Clara get on wonderfully. They discover they have a lot in common: music, films, ideas... Often, when Céline is on the phone with Christophe, Adam and Clara slip away. They go for a walk, drink a beer together, play a game of cards together. Clara realizes that she's under his spell... But she doesn't dare say or do anything. For one thing, Adam is a bit older than she is. He also lives in Antibes, and in two weeks she'll be back in Lyon. Above all, he's a friend of Céline's and her family's, and Clara's worried that it might be a little misplaced on her part. I mean, she can't even imagine that this handsome, self-assured, friendly and funny young man would like her.

Les jours se suivent et se ressemblent, mais ne sont jamais ennuyeux. Cuisine, pêche, bateau, apéritif, livres, jeux, discussions, siestes. Un jour, Gérard propose de prendre la voiture pour aller voir les montagnes, non loin d'Antibes, dans l'arrière-pays. Tout le monde accepte avec joie, et le matin, on prépare un pique-nique copieux, avec saucisson, salade, fromage, pain et fruits, une tarte aux fruits, spécialité de Michelle, un peu de vin et des bouteilles d'eau. Deux voitures sont nécessaires pour aller

The days come and go, but they're never dull. Cooking, fishing, boating, aperitifs, books, games, discussions, naps. One day, Gérard suggests we take the car to the mountains not far from Antibes, in the hinterland. Everyone happily accepted, and in the morning a hearty picnic was prepared, with sausage, salad, cheese, bread and fruit, a fruit tart (Michelle's specialty), a little wine and bottles of water. Two cars are needed to get to the mountains. Marc has a special backpack to carry little Marie, and

vers les montagnes. Marc a un sac à dos spécial pour porter la petite Marie, et Isabelle se réjouit, car la plage et le bateau ne sont pas très adaptés aux tout petits bébés.

La promenade est superbe. Un peu fatigante, mais ça vaut le coup : la végétation est magnifique, les petits villages sont pleins de charme. Et, depuis la montagne, la vue sur la mer est tout simplement somptueuse. Quand on a bien marché, on s'arrête sur un promontoire, avec un point de vue dégagé sur la mer. Le pique-nique est déballé, consommé, et on s'attarde longuement à discuter, assis en face de la vue, dos à la montagne. Scruffles qui est bien sûr venu aussi, n'a jamais été aussi heureux : il court partout, farfouille dans les buissons, cherche et ne trouve rien, fait fuir quelques lapins et une foule de sauterelles. Heureusement, il est obéissant et il revient toujours quand sa maîtresse l'appelle !

Au bout de quelques heures, Michelle lance le départ : il est temps de redescendre si on veut arriver à temps pour préparer le repas. Le pique-nique est remballé, tous les déchets, évidemment, sont ramassés, et on attaque la redescente vers la voiture. Sur la route, la voiture de Gérard s'arrête dans un petit supermarché pour prendre de l'essence et acheter quelques denrées importantes : quelques épices, de l'huile d'olive, un peu de fromage et quelques éléments

Isabelle is delighted, as the beach and boat are not very suitable for small babies.

The walk is superb. A little tiring, but well worth it: the vegetation is magnificent, the little villages are full of charm. And the view of the sea from the mountains is simply breathtaking. When you've had a good walk, you stop on a promontory with an unobstructed view of the sea. The picnic is unpacked and eaten, and we linger a long time chatting, sitting facing the view with our backs to the mountain. Scruffles, who of course came along too, has never been happier: he runs around, rummaging in the bushes, searching and finding nothing, scaring off a few rabbits and a host of grasshoppers. Fortunately, he's obedient and always comes back when his mistress calls him!

After a few hours, Michelle calls it a day: it's time to head back down if we're to arrive in time to prepare lunch. The picnic is repacked, all the garbage, of course, is collected, and we start the descent back to the car. On the way, Gérard's car stops at a small supermarket to refuel and buy a few important items: some spices, olive oil, a bit of cheese and a few things missing from the house.

manquants à la maison.

Quand ils arrivent à la maison, la routine reprend : préparation du barbecue, installation de la table, apéritif et dîner puis jeux de cartes sous le ciel étoilé, au son des vagues et des grillons. Vraiment, Clara se dit qu'elle pourrait faire ça toute sa vie sans se lasser !

When they arrive home, it's back to business as usual: preparing the barbecue, setting the table, enjoying an aperitif and dinner, then playing cards under the starry sky, to the sound of waves and crickets. Clara really feels she could do this all her life and never get tired of it!

Questions (Chapitre 5)

1. Quels types de repas la famille et les amis consomment-ils principalement pendant leurs vacances ?
a) Des plats cuisinés dans des restaurants locaux
b) Des plats à base de viande et de pommes de terre
c) Des poissons fraîchement pêchés, des fruits et des légumes de saison
d) Des plats exotiques de différents pays

2. Qu'est-ce qui rend les calanques moins fréquentées que les plages ordinaires ?
a) Elles sont plus éloignées de la ville
b) Elles sont moins confortables que les plages ordinaires
c) Elles sont moins intéressantes que les plages ordinaires
d) Elles sont plus difficiles d'accès

3. Comment la famille se rend-elle dans les calanques ?
a) En voiture
b) En bus
c) À pied
d) En bateau

4. Quel est le but de la sortie en voiture proposée par Gérard ?
a) Aller à la plage
b) Visiter les montagnes dans l'arrière-pays
c) Faire une excursion en bateau
d) Faire du shopping en ville

Questions (Chapter 5)

1. What types of meals do the family and friends primarily consume during their vacation?
a) Meals cooked in local restaurants
b) Meat and potato-based dishes
c) Freshly caught fish, fruits, and seasonal vegetables
d) Exotic dishes from different countries

2. What makes the calanques less frequented than ordinary beaches?
a) They are further away from the city
b) They are less comfortable than ordinary beaches
c) They are less interesting than ordinary beaches
d) They are more difficult to access

3. How does the family get to the calanques?
a) By car
b) By bus
c) On foot
d) By boat

4. What is the purpose of the car trip proposed by Gérard?
a) Going to the beach
b) Visiting the mountains in the hinterland
c) Going on a boat excursion
d) Going shopping in town

5. Quels sont les éléments inclus dans le pique-nique pour la sortie en montagne ?
a) Des saucisses et des steaks
b) Des sandwichs au thon
c) Du saucisson, de la salade, du fromage, du pain, des fruits, et une tarte aux fruits
d) Des hamburgers et des frites

5. **What items are included in the picnic for the mountain outing?**
a) Sausages and steaks
b) Tuna sandwiches
c) Sausage, salad, cheese, bread, fruits, and a fruit tart
d) Hamburgers and fries

6. La fête nationale, le bal des pompiers

Les vacances **s'écoulent** doucement, mais passent très vite. C'est un drôle de sentiment. Les journées semblent longues car on fait beaucoup de choses, et qu'on prend le temps de lire, de dormir, de manger. **En même temps**, après une semaine et demie, Clara réalise que c'est déjà presque fini. Elle n'a pas très envie de retourner à Lyon ! Elle se console en pensant au voyage à Paris et à Bruxelles.

Le matin du quatorze juillet, Adam réveille toute la **maisonnée** avec sa **trompette**. Céline se lève en bougonnant.

« Qu'est ce qui te prend, idiot ? demande-t-telle en sortant de sa chambre, encore à moitié endormie, la marque de l'**oreiller** sur la joue.

- Ha ha ! Mais c'est la fête nationale ! Un air de clairon est de mise, non ? dit Adam en riant. Déjà qu'on ne va sûrement pas voir le **défilé**... »

Clara entend la conversation depuis son lit, et elle comprend : elle avait complètement oublié, mais oui, c'est la **fête nationale** ! La fête de la **prise** de la Bastille, la Révolution française. Elle n'a aucune idée de ce qui se prépare pour aujourd'hui. Elle a bien appris, dans ses cours d'histoire, ce qu'était la

Révolution française, et elle se souvient même de l'année : 1789. Mais elle ne sait pas du tout ce que les Français font pendant cette journée de célébration.

Elle sort de son lit doucement, et quand elle arrive dans la cuisine, l'odeur du café chaud et des tartines grillées lui **font oublier** ses questions. Elle nourrit le chien, s'installe à table avec les autres. C'est Marc qui lui explique un peu plus ce qui va se passer pendant cette journée spéciale. Elle apprend qu'il y a un important défilé militaire à Paris, avec des **avions de chasse**, des **discours**. Mais ce qui semble le plus sympa, c'est ce qui se passe le soir : dans toutes les villes et dans tous les villages du pays, il y a un **feu d'artifice** et des bals populaires, avec de la musique, des apéritifs, de la danse.

    S'écouler (verbe pronominal) : to pass, to go by
    En même temps (locution adverbiale) : at the same time
    Maisonnée (f) (nom commun) : household
    Trompette (f) (nom commun) : trumpet
    Oreiller (m) (nom commun) : pillow
    Défilé (m) (nom commun) : parade, march
    Fête nationale (f) (nom commun) : National Day, National Holiday
    Prise (f) (nom commun) : storming (in this context)
    Faire oublier (locution verbale) : to make [sb] forget
    Avion de chasse (m) (nom commun) : fighter jet
    Discours (m) (nom commun) : speech
    Feu d'artifice (m) (nom commun) : firework

« À Antibes aussi ? demande Clara.

- Évidemment, à Antibes et **partout** en France. On n'y va pas chaque année, mais puisque tu es là, on va y aller **bien entendu**, répond Florence.

- On va d'abord au bal, et on rentrera avant **minuit** pour voir le feu d'artifice depuis le jardin, nous avons une belle vue d'ici, et ce sera plus calme, ajoute Gérard. »

Clara est aux anges. Elle imagine déjà l'accordéon, la **foule** des gens heureux dans la fête. Et elle ne se trompe pas ! Céline lui raconte que le bal se déroule à la **caserne des pompiers**. C'est traditionnellement eux qui organisent cette fête.

La journée se passe comme tous les jours : un peu de bateau, un peu de

plage, un long déjeuner agrémenté de quelques verres de vin, des fruits et une longue sieste sur le **hamac** avec un bon livre. Vers dix-sept heures, Clara se prépare à aider dans la cuisine, comme chaque jour. Mais Michelle lui indique qu'aujourd'hui, ils ne mangeront pas à la maison : ils mangeront au bal ! « On part dans une heure. Tu as une jolie **robe** ? » lui demande-t-elle. Bien sûr, Clara a pris une jolie robe avec elle. Elle va se préparer. Pas trop de **maquillage**, une jolie robe en lin blanche. Elle se fait un **chignon** et elle met des boucles d'oreille simples et délicates.

Une heure plus tard, tout le monde est prêt. Chacun **s'est mis sur son trente et un**, même Marie qui a une jolie **barrette** dans ses petits cheveux tout fins et une charmante **barboteuse** bleu-blanc-rouge, aux couleurs du drapeau français. Patrick trouve que c'est un peu « too much, » mais il en sourit. Après tout, si on ne peut pas s'amuser un peu…

Partout (adverbe) : everywhere
Bien entendu (locution adverbiale) : of course, naturally
Minuit (m) (nom commun) : midnight
Foule (f) (nom commun) : crowd
Caserne des pompiers (f) (nom commun) : fire station
Hamac (m) (nom commun) : hammock
Robe (f) (nom commun) : dress
Maquillage (m) (nom commun) : makeup, cosmetics
Chignon (m) (nom commun) : bun
Se mettre sur son trente-et-un (locution verbale) : to get all dressed up
Barrette (f) (nom commun) : hair clip
Barboteuse (f) (nom commun) : romper suit

Ils se dirigent vers la caserne à pied : pas question de prendre la voiture, car on va sûrement boire un peu de champagne. « Boire ou conduire, il faut choisir ! » déclame Gérard. **Bien sûr**, Isabelle ne va pas toucher à l'alcool, mais elle est contente de marcher avec sa petite fille en écharpe. La petite Marie est particulièrement détendue depuis le début des vacances, elle **dort comme un loir** ! Isabelle pense que c'est la **chaleur** qui la fait dormir, mais Marc est **convaincu** que c'est plutôt le fait que tout le monde soit détendu.

L'ambiance en arrivant à la caserne est très joyeuse : il y a des **banderoles** aux couleurs de la France, des lumières dans les arbres de la cour, de grandes tables, une scène, un espace pour danser. Comme Clara s'y attendait, l'accordéoniste a déjà commencé à jouer. Ça sent bon dans l'air : un barbecue

est en cours, on fait griller des saucisses et on fait **chauffer** des pommes de terre dans un grand four. Clara **repère** quelques pompiers, tous aussi beaux les uns que les autres. Elle ne peut pas s'empêcher de les **scruter**. Cela fait rire Adam, car c'est un cliché, en France, que les jeunes femmes vont au bal du quatorze juillet pour regarder les pompiers. En réalité, il est un brin jaloux... Mais il ne le dira certainement pas.

La soirée est très festive : on mange, on boit, on discute très fort et on danse beaucoup. Adam offre quelques danses à Clara. Au début, elle refuse, car elle n'est pas très bonne danseuse. Mais très vite, elle **se laisse faire**, et il danse si bien qu'elle n'a en fait aucun problème : c'est lui le guide. Quand chacun est fatigué, quand on a bien dansé et qu'il commence à se faire un peu tard, tout le monde **se met d'accord** pour rentrer à la maison. Le feu d'artifice sera plus beau depuis le jardin.

La marche du retour est un challenge pour Clara : ça monte, et elle est un peu pompette. Mais ses pensées l'emmènent **ailleurs**. En marchant, elle n'écoute pas les conversations : elle regarde la vue sur la mer et elle pense à tout ce qui lui arrive. Un vent léger et agréable lui caresse les cheveux. Elle **entend** la voix d'Adam et se dit qu'elle a beaucoup de chance d'être là où elle se trouve, à cet instant précis.

Bien sûr (locution adverbiale) : naturally, obviously
Dormir comme un loir (locution verbale) : to sleep like a log/baby
Chaleur (f) (nom commun) : heat
Convaincu (adjectif) : convinced
Banderole (f) (nom commun) : banner
Chauffer (verbe) : to heat
Repérer (verbe) : to notice, to spot
Scruter (verbe) : to examine, to scan
Se laisser faire (expression) : to let yourself be pushed around
Se mettre d'accord (locution verbale) : to come to an agreement
Ailleurs (adverbe) : elsewhere
Entendre (verbe) : to hear

Questions (Chapitre 6)

1. Pourquoi Adam réveille-t-il toute la maisonnée avec sa trompette le matin du quatorze juillet ?
a) Parce qu'il veut jouer de la musique
b) Parce qu'il veut annoncer la fête nationale et le défilé militaire
c) Parce qu'il trouve amusant de réveiller tout le monde
d) Parce qu'il pense que c'est une tradition pour la fête nationale

2. Quelle est la principale activité célébrée pendant la fête nationale en France ?
a) Des compétitions sportives
b) Des défilés militaires
c) Des concours de cuisine
d) Des expositions d'art

3. Où se déroule le bal traditionnellement organisé pour la fête nationale ?
a) À la mairie
b) À la bibliothèque
c) À la caserne des pompiers
d) À l'église

4. Comment se prépare Clara pour le bal ?
a) En portant une robe en jean et des baskets
b) En se maquillant beaucoup avec des couleurs vives
c) En mettant une jolie robe en lin blanche et des boucles d'oreille simples
d) En choisissant une tenue de plage

5. Pourquoi la famille décide-t-elle de se rendre à la caserne à pied ?
a) Parce qu'ils veulent faire de l'exercice
b) Parce qu'ils vont boire du champagne et ne veulent pas conduire
c) Parce qu'ils n'ont pas de voiture
d) Parce qu'ils préfèrent marcher

6. La fête nationale, le bal des pompiers

Les vacances s'écoulent doucement, mais passent très vite. C'est un drôle de sentiment. Les journées semblent longues car on fait beaucoup de choses, et qu'on prend le temps de lire, de dormir, de manger. En même temps, après une semaine et demie, Clara réalise que c'est déjà presque fini. Elle n'a pas très envie de retourner à Lyon ! Elle se console en pensant au voyage à Paris et à Bruxelles.

Le matin du quatorze juillet, Adam réveille toute la maisonnée avec sa trompette. Céline se lève en bougonnant.

« Qu'est ce qui te prend, idiot ? demande-t-telle en sortant de sa chambre, encore à moitié endormie, la marque de l'oreiller sur la joue.

- Ha ha ! Mais c'est la fête nationale ! Un air de clairon est de mise, non ? dit Adam en riant. Déjà qu'on ne va sûrement pas voir le défilé... »

Clara entend la conversation depuis son lit, et elle comprend : elle avait complètement oublié, mais oui, c'est la fête nationale ! La fête de la prise de la Bastille, la Révolution française. Elle n'a aucune idée de ce qui se prépare pour aujourd'hui. Elle a bien appris, dans ses cours d'histoire, ce

6. National holiday, firemen's ball

The vacations go by slowly, but very quickly. It's a funny feeling. The days seem so long, with so much to do and so much time to read, sleep and eat. At the same time, after a week and a half, Clara realizes that it's almost over. She doesn't really want to go back to Lyon! She consoles herself by thinking about the trip to Paris and Brussels.

On the morning of July 14th, Adam wakes the whole household with his trumpet. Céline gets up, grumbling.

"What's the matter with you, idiot? she asks as she emerges from her room, still half asleep, the mark of the pillow on her cheek.

- Ha ha! But it's the national holiday! A trumpet call is in order, isn't it? laughs Adam. It's bad enough we're probably not going to see the parade... "

Clara hears the conversation from her bed, and understands: she had completely forgotten, but yes, it's the national holiday! The celebration of the storming of the Bastille, the French Revolution. She has no idea what's in store for today. She's learned all about the French Revolution in her

qu'était la Révolution française, et elle se souvient même de l'année : 1789. Mais elle ne sait pas du tout ce que les Français font pendant cette journée de célébration.

Elle sort de son lit doucement, et quand elle arrive dans la cuisine, l'odeur du café chaud et des tartines grillées lui font oublier ses questions. Elle nourrit le chien, s'installe à table avec les autres. C'est Marc qui lui explique un peu plus ce qui va se passer pendant cette journée spéciale. Elle apprend qu'il y a un important défilé militaire à Paris, avec des avions de chasse, des discours. Mais ce qui semble le plus sympa, c'est ce qui se passe le soir : dans toutes les villes et dans tous les villages du pays, il y a un feu d'artifice et des bals populaires, avec de la musique, des apéritifs, de la danse.

« À Antibes aussi ? demande Clara.

- Évidemment, à Antibes et partout en France. On n'y va pas chaque année, mais puisque tu es là, on va y aller bien entendu, répond Florence.

- On va d'abord au bal, et on rentrera avant minuit pour voir le feu d'artifice depuis le jardin, nous avons une belle vue d'ici, et ce sera plus calme, ajoute Gérard. »

Clara est aux anges. Elle imagine déjà l'accordéon, la foule des gens heureux dans la fête. Et elle ne se

history lessons, and even remembers the year: 1789. But she has no idea what the French are doing on this day of celebration.

She gets out of bed slowly, and when she arrives in the kitchen, the smell of hot coffee and toast makes her forget her questions. She feeds the dog and sits down at the table with the others. Marc explains a little more about what's going to happen on this special day. She learns that there's a big military parade in Paris, with fighter planes and speeches. But what seems to be the most fun is what happens in the evening: in every town and village in the country, there are fireworks and popular balls, with music, aperitifs and dancing.

"In Antibes too? asks Clara.

- Of course, in Antibes and all over France. We don't go every year, but since you're here, of course we'll go, replies Florence.

- We're going to the ball first, and we'll be back before midnight to watch the fireworks from the garden. We've got a great view from here, and it'll be quieter, adds Gérard."

Clara is ecstatic. She's already imagining the accordion and the crowd of happy people at the party.

trompe pas ! Céline lui raconte que le bal se déroule à la caserne des pompiers. C'est traditionnellement eux qui organisent cette fête.

La journée se passe comme tous les jours : un peu de bateau, un peu de plage, un long déjeuner agrémenté de quelques verres de vin, des fruits et une longue sieste sur le hamac avec un bon livre. Vers dix-sept heures, Clara se prépare à aider dans la cuisine, comme chaque jour. Mais Michelle lui indique qu'aujourd'hui, ils ne mangeront pas à la maison : ils mangeront au bal ! « On part dans une heure. Tu as une jolie robe ? » lui demande-t-elle. Bien sûr, Clara a pris une jolie robe avec elle. Elle va se préparer. Pas trop de maquillage, une jolie robe en lin blanche. Elle se fait un chignon et elle met des boucles d'oreille simples et délicates.

Une heure plus tard, tout le monde est prêt. Chacun s'est mis sur son trente et un, même Marie qui a une jolie barrette dans ses petits cheveux tout fins et une charmante barboteuse bleu-blanc-rouge, aux couleurs du drapeau français. Patrick trouve que c'est un peu « too much, » mais il en sourit. Après tout, si on ne peut pas s'amuser un peu...

Ils se dirigent vers la caserne à pied : pas question de prendre la voiture, car on va sûrement boire un peu de champagne. « Boire ou conduire, il faut choisir ! » déclame

And she's not wrong! Céline tells her that the ball is being held at the fire station. Traditionally, they're the ones who organize this party.

The day passes as it does every day: a bit of boating, a bit of beach, a long lunch with a few glasses of wine, some fruit and a long nap on the hammock with a good book. At around 5 p.m., Clara gets ready to help in the kitchen, as she does every day. But Michelle tells her that they won't be eating at home today: they'll be eating at the ball! "We're leaving in an hour. Do you have a pretty dress?" she asks. Of course, Clara has brought a pretty dress with her. She's going to get ready. Not too much make-up, a pretty white linen dress. She puts her hair up in a bun and wears simple, delicate earrings.

An hour later, everyone is ready. Everyone is dressed up, even Marie, who has a pretty barrette in her fine little hair and a charming blue-white-red romper in the colors of the French flag. Patrick thinks it's a bit "too much," but smiles. After all, if you can't have a little fun...

They head for the barracks on foot: there's no question of taking the car, as we're sure to be drinking some champagne. "Drink or drive, you've got to choose!" declares Gérard.

Gérard. Bien sûr, Isabelle ne va pas toucher à l'alcool, mais elle est contente de marcher avec sa petite fille en écharpe. La petite Marie est particulièrement détendue depuis le début des vacances, elle dort comme un loir ! Isabelle pense que c'est la chaleur qui la fait dormir, mais Marc est convaincu que c'est plutôt le fait que tout le monde soit détendu.

L'ambiance en arrivant à la caserne est très joyeuse : il y a des banderoles aux couleurs de la France, des lumières dans les arbres de la cour, de grandes tables, une scène, un espace pour danser. Comme Clara s'y attendait, l'accordéoniste a déjà commencé à jouer. Ça sent bon dans l'air : un barbecue est en cours, on fait griller des saucisses et on fait chauffer des pommes de terre dans un grand four. Clara repère quelques pompiers, tous aussi beaux les uns que les autres. Elle ne peut pas s'empêcher de les scruter. Cela fait rire Adam, car c'est un cliché, en France, que les jeunes femmes vont au bal du quatorze juillet pour regarder les pompiers. En réalité, il est un brin jaloux… Mais il ne le dira certainement pas.

La soirée est très festive : on mange, on boit, on discute très fort et on danse beaucoup. Adam offre quelques danses à Clara. Au début, elle refuse, car elle n'est pas très bonne danseuse. Mais très vite, elle se laisse faire, et il danse si bien qu'elle n'a en fait aucun problème : c'est lui le guide. Quand

Of course, Isabelle won't touch the alcohol, but she's happy to walk with her little daughter in a sling. Little Marie has been particularly relaxed since the start of the vacations, sleeping like a log! Isabelle thinks it's the heat that makes her sleepy, but Marc is convinced it's the fact that everyone is so relaxed.

The atmosphere when we arrive at the barracks is very cheerful: there are banners in the colors of France, lights in the trees in the courtyard, big tables, a stage and a space for dancing. As Clara had expected, the accordionist has already started to play. The air smells delicious: a barbecue is underway, sausages are being grilled and potatoes are being heated in a large oven. Clara spots a few firemen, each as handsome as the next. She can't help but scrutinize them. This makes Adam laugh, because it's a cliché in France that young women go to the Bastille Day ball to look at the firemen. In reality, he's a little jealous… But he certainly won't say so.

The evening is very festive: we eat, drink, talk loudly and dance a lot. Adam offers Clara a few dances. At first, she refuses, as she's not much of a dancer. But she soon gives in, and he dances so well that she has no problem at all: he's the guide. When everyone's tired, danced well and it's

chacun est fatigué, quand on a bien dansé et qu'il commence à se faire un peu tard, tout le monde se met d'accord pour rentrer à la maison. Le feu d'artifice sera plus beau depuis le jardin.

La marche du retour est un challenge pour Clara : ça monte, et elle est un peu pompette. Mais ses pensées l'emmènent ailleurs. En marchant, elle n'écoute pas les conversations : elle regarde la vue sur la mer et elle pense à tout ce qui lui arrive. Un vent léger et agréable lui caresse les cheveux. Elle entend la voix d'Adam et se dit qu'elle a beaucoup de chance d'être là où elle se trouve, à cet instant précis.

getting a bit late, everyone agrees to go home. The fireworks will look even better from the garden.

The walk home is a challenge for Clara: it's uphill, and she's a little tipsy. But her thoughts take her elsewhere. As she walks, she doesn't listen to the conversation: she looks out over the sea and thinks about everything that's happening to her. A light, pleasant wind caresses her hair. She hears Adam's voice and thinks how lucky she is to be where she is, at this very moment.

Questions (Chapitre 6)

1. Pourquoi Adam réveille-t-il toute la maisonnée avec sa trompette le matin du quatorze juillet ?
a) Parce qu'il veut jouer de la musique
b) Parce qu'il veut annoncer la fête nationale et le défilé militaire
c) Parce qu'il trouve amusant de réveiller tout le monde
d) Parce qu'il pense que c'est une tradition pour la fête nationale

2. Quelle est la principale activité célébrée pendant la fête nationale en France ?
a) Des compétitions sportives
b) Des défilés militaires
c) Des concours de cuisine
d) Des expositions d'art

3. Où se déroule le bal traditionnellement organisé pour la fête nationale ?
a) À la mairie
b) À la bibliothèque
c) À la caserne des pompiers
d) À l'église

4. Comment se prépare Clara pour le bal ?
a) En portant une robe en jean et des baskets
b) En se maquillant beaucoup avec des couleurs vives
c) En mettant une jolie robe en lin blanche et des boucles d'oreille simples
d) En choisissant une tenue de plage

Questions (Chapter 6)

1. Why does Adam wake up the whole household with his trumpet on the morning of July fourteenth?
a) Because he wants to play music
b) Because he wants to announce the national holiday and the military parade
c) Because he finds it amusing to wake everyone up
d) Because he thinks it's a tradition for Bastille Day

2. What is the main activity celebrated during Bastille Day in France?
a) Sports competitions
b) Military parades
c) Cooking contests
d) Art exhibitions

3. Where does the ball traditionally rganized for Bastille Day usually take place?
a) At the town hall
b) At the library
c) At the fire station
d) At the church

4. How does Clara get ready for the ball?
a) By wearing a denim dress and sneakers
b) By putting on a lot of makeup with bright colors
c) By wearing a pretty white linen dress and simple earrings
d) By choosing a beach outfit

5. Pourquoi la famille décide-t-elle de se rendre à la caserne à pied ?
a) Parce qu'ils veulent faire de l'exercice
b) Parce qu'ils vont boire du champagne et ne veulent pas conduire
c) Parce qu'ils n'ont pas de voiture
d) Parce qu'ils préfèrent marcher

5. Why does the family decide to go to the fire station on foot?
a) Because they want to exercise
b) Because they are going to drink champagne and don't want to drive
c) Because they don't have a car
d) Because they prefer to walk

7. Les derniers jours à Antibes

Installée sur la terrasse **au milieu de** sa famille française et de ses amis, une écharpe légère posée sur les épaules, Clara **se délecte** d'une tisane de **tilleul** en attendant le feu d'artifice. L'atmosphère est très calme : on n'entend que les grillons. Soudain, le premier tir se fait entendre, et bientôt de belles trainées lumineuses de toutes les couleurs viennent habiter le ciel. Le feu se reflète dans l'eau de la mer. « Il n'y a pas de **lune** ce soir, c'est encore mieux comme ça, » commente Gérard, **pensif**. Le feu d'artifice se poursuit pendant quinze minutes et se termine par un bouquet bleu, blanc et rouge. C'est alors que Clara cherche des yeux Scruffles... Terrorisé, le pauvre chien s'est réfugié sous un buisson et il pleure ! Quand elle s'en aperçoit, elle se précipite à son **secours** pour le cajoler et le rassurer. Comment a-t-elle pu l'oublier ?

L'animal est vite rassuré, mais Clara décide de lui permettre de dormir dans leur chambre cette nuit-là, car elle se sent bien trop **coupable** pour le laisser seul. Le chien est un peu surpris, mais tout heureux ! C'est seulement le lendemain matin que Céline dit à Clara :

« Plus jamais ça ! Ton petit chien ronfle comme une machine ! **se plaint**-elle au petit-déjeuner.

- **Sérieusement** ? Je n'ai rien entendu, répond Clara, un peu désolée.

- Impressionnant, vu sa taille. Ça ne fait aucun sens ! J'ai super mal dormi, **poursuit** Céline.

- Tu feras une sieste, » dit Isabelle, pour calmer sa **belle-sœur** visiblement fatiguée et énervée.

> **Au milieu de** (locution adverbiale) : in the middle of
> **Se délecter** (verbe pronominal) : to enjoy
> **Tilleul** (m) (nom commun) : herbal tea
> **Lune** (f) (nom commun) : moon
> **Pensif** (adjectif) : wondering, thinking
> **Secours** (m) (nom commun) : help, assistance, aid
> **Coupable** (adjectif) : guilty, responsible
> **Se plaindre** (verbe pronominal) : to complain
> **Sérieusement** (adverbe) : seriously
> **Poursuivre** (verbe) : to go on, to continue
> **Belle-sœur** (f) (nom commun) : sister-in-law

L'histoire des **ronflements** de Scruffles **fait rire** toute la famille. Céline finit par se détendre : en effet, c'est plutôt drôle, une petite boule de poil aussi mignonne et bruyante. **En réalité**, Céline est un peu triste : Christophe n'a pas pu venir pendant ces deux semaines de vacances. Les amoureux n'ont pas cessé de s'écrire et de s'appeler, mais il n'a eu aucune possibilité de se libérer plus de deux jours pour venir. Alors que Céline est ravie d'être en vacances dans le Sud, elle commence à avoir envie de rentrer, et cela la déçoit un peu. C'est le dernier jour de la famille chez la famille d'Adam et elle aurait voulu en profiter pleinement.

Quand l'après-midi arrive, après le déjeuner, Céline va faire une sieste. Clara va faire un tour de bateau avec Adam, et elle est très heureuse d'avoir une après-midi privilégiée avec lui. Elle se sent **timide**, mais très contente. Ils passent une très belle après-midi à naviguer, se promener sur la côte, pêcher. Dans un **élan** de courage, Clara ose demander à Adam s'il passe à Lyon, **de temps en temps**. Adam lui confie qu'il cherche un travail à Lyon : il a terminé ses études et, même s'il aime beaucoup sa ville natale, il n'y trouve pas grand intérêt pour ses jeunes années. Clara ne peut s'empêcher de **croiser les doigts** derrière son dos : **pourvu qu'**il trouve un emploi à Lyon avant qu'elle rentre aux États-Unis !

Le soir, dernier soir des vacances, tout le monde **range ses affaires** et prépare sa valise : le lendemain, on partira tôt le matin pour éviter les **bouchons** sur l'autoroute et pour arriver tôt à la maison. Quand tout le monde est prêt, les amis se dirigent vers le centre-ville pour aller au restaurant. C'est le premier restaurant depuis quinze jours : cuisiner entre amis et en famille fait a partie intégrante des vacances, pour le plus grand plaisir de Clara, qui aime de plus en plus apprendre de nouvelles recettes, **manier** les ustensiles de cuisine, présenter les plats. Elle **alimente** un peu chaque semaine son blog de photos et de nouvelles recettes.

Ronflement (m) (nom commun) : snoring, rumbling
Faire rire (locution verbale) : to make [sb] laugh
En réalité (locution adverbiale) : in reality, in fact
Timide (adjectif) : shy, timid
Élan (m) (nom commun) : burst, impetus
De temps en temps (locution adverbiale) : from time to time
Croiser les doigts (locution adverbiale) : to cross your fingers
Pourvu que (locution conjonction) : let's hope, to hope
Ranger ses affaires (locution verbale) : to tidy up your things
Bouchon (m) (nom commun) : traffic jam (in this context)
Manier (verbe) : to handle, to use
Alimenter (verbe) : to supply (in this context)

Mais ce soir, c'est poissons, **coquillages** et **fruits de mer** ! Le restaurant choisi est l'un des plus fameux de la région **en matière de** produits de la mer. Tout est frais, pêché du jour et préparé **sur place**. Comme toute la carte fait envie à tout le monde, ils décident de commencer le repas par un grand plateau de fruits de mer à partager : coques, **bulots**, palourdes, demi-crabe, araignée de mer, oursins, **huîtres**... Tout y est, accompagné d'un délicieux aïoli et de vinaigre à l'échalote ; sans oublier le petit verre de champagne, commandé pour célébrer la fin de vacances de rêve.

En plat principal, Clara commande un filet de **raie** au beurre blanc, accompagné de **câpres** et de pommes de terre truffées. C'est à la fois simple et extrêmement bon. Le poisson, à **chair** blanche et épaisse, est absolument délicieux. Céline, qui s'est remise de sa mauvaise nuit, commande une bouillabaisse, ce plat typiquement marseillais. Tout le monde se régale ! La note est un peu salée, mais Patrick insiste pour payer : ils ont été si bien accueillis, il doit bien ça à Gérard et Michelle.

Sur le chemin du retour, Adam et Clara poursuivent leur discussion. C'est en fait leur dernière discussion : en effet, demain matin, café et... **départ** pour Lyon ! Ils en profitent pour s'échanger leurs numéros de téléphone et se promettre de **rester en contact**. Clara se promet de ne pas lui écrire immédiatement en rentrant, de laisser passer un peu de temps. En réalité, elle sait déjà qu'il va beaucoup lui manquer. Céline, de son côté, est bien un peu triste de partir. Mais elle n'arrive pas à **cacher** son impatience de rentrer – en plus, un samedi ! Le jour du tennis avec Christophe.

Coquillage (m) (nom commun) : clams
Fruit de mer (m) (nom commun) : seafood
En matière de (locution prépositionnelle) : regarding, concerning
Sur place (locution adverbiale) : on site
Bulot (m) (nom commun) : whelk
Huître (f) (nom commun) : oyster
Raie (f) (nom commun) : skate
Câpre (f) (nom commun) : caper
Chair (f) (nom commun) : meat
Départ (m) (nom commun) : departure
Rester en contact (locution verbale) : to keep in touch
Cacher (verbe) : to hide

Questions (Chapitre 7)

1. Pourquoi Céline se plaint-elle au petit-déjeuner le lendemain matin ?
a) Parce que le feu d'artifice était trop bruyant
b) Parce qu'elle a mal à la tête
c) Parce qu'elle a mal dormi à cause des ronflements de Scruffles
d) Parce qu'elle est encore fatiguée

2. Pourquoi Céline commence-t-elle à avoir envie de rentrer chez elle ?
a) Parce qu'elle a perdu le contact avec Christophe pendant les vacances
b) Parce qu'elle s'ennuie dans le Sud
c) Parce qu'elle est impatiente de retrouver son quotidien habituel
d) Parce que Christophe n'a pas pu venir pendant les vacances

3. Que fait Clara pendant l'après-midi du dernier jour à Antibes ?
a) Elle va faire une sieste
b) Elle cuisine un repas pour la famille
c) Elle range ses affaires pour le départ le lendemain
d) Elle fait un tour de bateau avec Adam

4. Quel plat commande Clara au restaurant ?
a) Un steak frites
b) Une bouillabaisse
c) Un filet de raie au beurre blanc
d) Des moules marinières

5. Que décident Adam et Clara sur le chemin du retour ?
a) Ils décident de se rencontrer le mois prochain à Lyon
b) Ils décident de rester en contact et échangent leurs numéros de téléphone
c) Ils décident de rester en contact et échangent leurs emails
d) Ils décident de voyager ensemble

7. Les derniers jours à Antibes

Installée sur la terrasse au milieu de sa famille française et de ses amis, une écharpe légère posée sur les épaules, Clara se délecte d'une tisane de tilleul en attendant le feu d'artifice. L'atmosphère est très calme : on n'entend que les grillons. Soudain, le premier tir se fait entendre, et bientôt de belles trainées lumineuses de toutes les couleurs viennent habiter le ciel. Le feu se reflète dans l'eau de la mer. « Il n'y a pas de lune ce soir, c'est encore mieux comme ça, » commente Gérard, pensif. Le feu d'artifice se poursuit pendant quinze minutes et se termine par un bouquet bleu, blanc et rouge. C'est alors que Clara cherche des yeux Scruffles... Terrorisé, le pauvre chien s'est réfugié sous un buisson et il pleure ! Quand elle s'en aperçoit, elle se précipite à son secours pour le cajoler et le rassurer. Comment a-t-elle pu l'oublier ?

L'animal est vite rassuré, mais Clara décide de lui permettre de dormir dans leur chambre cette nuit-là, car elle se sent bien trop coupable pour le laisser seul. Le chien est un peu surpris, mais tout heureux ! C'est seulement le lendemain matin que Céline dit à Clara :

« Plus jamais ça ! Ton petit chien ronfle comme une machine ! se plaint-elle au petit-déjeuner.

7. The last days in Antibes

Sitting on the terrace with her French family and friends, a light scarf draped over her shoulders, Clara sips a herbal tea as she awaits the fireworks. The atmosphere is very calm, with only the sound of crickets. Suddenly, the first shot is heard, and soon bright streaks of light of every color fill the sky. The fire is reflected in the sea water. "There's no moon tonight, so it's even better this way," Gérard comments thoughtfully. The fireworks continue for fifteen minutes, ending with a blue, white and red bouquet. That's when Clara looks for Scruffles... Terrorized, the poor dog has taken refuge under a bush and is crying! When she notices, she rushes to his aid, cuddling and reassuring him. How could she have forgotten him?

The animal is quickly reassured, but Clara decides to let him sleep in their room that night, as she feels far too guilty to leave him alone. The dog is a little surprised, but very happy! It's only the next morning that Céline tells Clara:

"Never again! Your little dog snores like a machine! she complains at breakfast.

- Sérieusement ? Je n'ai rien entendu, répond Clara, un peu désolée.

- Impressionnant, vu sa taille. Ça ne fait aucun sens ! J'ai super mal dormi, poursuit Céline.

- Tu feras une sieste, » dit Isabelle, pour calmer sa belle-sœur visiblement fatiguée et énervée.

L'histoire des ronflements de Scruffles fait rire toute la famille. Céline finit par se détendre : en effet, c'est plutôt drôle, une petite boule de poil aussi mignonne et bruyante. En réalité, Céline est un peu triste : Christophe n'a pas pu venir pendant ces deux semaines de vacances. Les amoureux n'ont pas cessé de s'écrire et de s'appeler, mais il n'a eu aucune possibilité de se libérer plus de deux jours pour venir. Alors que Céline est ravie d'être en vacances dans le Sud, elle commence à avoir envie de rentrer, et cela la déçoit un peu. C'est le dernier jour de la famille chez la famille d'Adam et elle aurait voulu en profiter pleinement.

Quand l'après-midi arrive, après le déjeuner, Céline va faire une sieste. Clara va faire un tour de bateau avec Adam, et elle est très heureuse d'avoir une après-midi privilégiée avec lui. Elle se sent timide, mais très contente. Ils passent une très belle après-midi à naviguer, se promener sur la côte, pêcher. Dans un élan

- Are you serious? I didn't hear anything, Clara replies, a little apologetically.

- Impressive, considering its size. It just doesn't make sense! I slept really badly, continues Céline.

- You'll have to take a nap," says Isabelle, calming her visibly tired and annoyed sister-in-law.

The story of Scruffles' snoring makes the whole family laugh. Céline finally relaxes: indeed, it's quite funny, such a cute, noisy little furball. In reality, Céline is a little sad: Christophe hasn't been able to come for his two-week vacation. The lovers kept writing to each other and calling each other, but he couldn't spare more than two days to come. While Céline is delighted to be vacationing in the South, she's starting to feel like going home, and that disappoints her a little. It's the family's last day with Adam's family, and she would have liked to make the most of it.

When the afternoon arrives, after lunch, Céline takes a nap. Clara goes for a boat ride with Adam, and is very happy to have a special afternoon with him. She feels shy, but very happy. They spend a lovely afternoon sailing, walking along the coast, fishing. In a burst of courage, Clara dares to ask Adam if he visits

de courage, Clara ose demander à Adam s'il passe à Lyon, de temps en temps. Adam lui confie qu'il cherche un travail à Lyon : il a terminé ses études et, même s'il aime beaucoup sa ville natale, il n'y trouve pas grand intérêt pour ses jeunes années. Clara ne peut s'empêcher de croiser les doigts derrière son dos : pourvu qu'il trouve un emploi à Lyon avant qu'elle rentre aux États-Unis !

Le soir, dernier soir des vacances, tout le monde range ses affaires et prépare sa valise : le lendemain, on partira tôt le matin pour éviter les bouchons sur l'autoroute et pour arriver tôt à la maison. Quand tout le monde est prêt, les amis se dirigent vers le centre-ville pour aller au restaurant. C'est le premier restaurant depuis quinze jours : cuisiner entre amis et en famille fait a partie intégrante des vacances, pour le plus grand plaisir de Clara, qui aime de plus en plus apprendre de nouvelles recettes, manier les ustensiles de cuisine, présenter les plats. Elle alimente un peu chaque semaine son blog de photos et de nouvelles recettes.

Mais ce soir, c'est poissons, coquillages et fruits de mer ! Le restaurant choisi est l'un des plus fameux de la région en matière de produits de la mer. Tout est frais, pêché du jour et préparé sur place. Comme toute la carte fait envie à tout le monde, ils décident de commencer le repas par un grand plateau de fruits de mer à

Lyon from time to time. Adam confides in her that he's looking for a job in Lyon: he's finished his studies and, although he loves his hometown very much, he doesn't find much interest there for his younger years. Clara can't help crossing her fingers behind his back: let's hope he finds a job in Lyon before she goes back to the States!

In the evening, the last night of the vacation, everyone puts their things away and packs their suitcases: the next day, we'll be leaving early in the morning to avoid traffic jams on the freeway and get home early. When everyone is ready, the friends head downtown to the restaurant. It's the first restaurant in a fortnight: cooking with friends and family is an integral part of the vacation, much to Clara's delight, as she increasingly enjoys learning new recipes, handling kitchen utensils and presenting dishes. Every week, she feeds her blog with photos and new recipes.

But tonight, it's fish, shellfish and seafood! The chosen restaurant is one of the most famous in the region for seafood. Everything is fresh, caught daily and prepared on site. Since the whole menu is so appealing to everyone, they decide to start the meal with a large platter of seafood to share: cockles, whelks, clams,

partager : coques, bulots, palourdes, demi-crabe, araignée de mer, oursins, huîtres... Tout y est, accompagné d'un délicieux aïoli et de vinaigre à l'échalote ; sans oublier le petit verre de champagne, commandé pour célébrer la fin de vacances de rêve.

En plat principal, Clara commande un filet de raie au beurre blanc, accompagné de câpres et de pommes de terre truffées. C'est à la fois simple et extrêmement bon. Le poisson, à chair blanche et épaisse, est absolument délicieux. Céline, qui s'est remise de sa mauvaise nuit, commande une bouillabaisse, ce plat typiquement marseillais. Tout le monde se régale ! La note est un peu salée, mais Patrick insiste pour payer : ils ont été si bien accueillis, il doit bien ça à Gérard et Michelle.

Sur le chemin du retour, Adam et Clara poursuivent leur discussion. C'est en fait leur dernière discussion : en effet, demain matin, café et... départ pour Lyon ! Ils en profitent pour s'échanger leurs numéros de téléphone et se promettre de rester en contact. Clara se promet de ne pas lui écrire immédiatement en rentrant, de laisser passer un peu de temps. En réalité, elle sait déjà qu'il va beaucoup lui manquer. Céline, de son côté, est bien un peu triste de partir. Mais elle n'arrive pas à cacher son impatience de rentrer – en plus, un samedi ! Le jour du tennis avec Christophe.

half-crab, spider crab, sea urchins, oysters... It's all there, accompanied by a delicious aïoli and shallot vinegar; not forgetting the small glass of champagne, ordered to celebrate the end of a dream vacation.

For the main course, Clara orders a filet of skate with white butter, capers and truffled potatoes. It's both simple and extremely good. The fish, with its thick white flesh, is absolutely delicious. Céline, who has recovered from her bad night, orders bouillabaisse, a typical Marseille dish. Everyone's in for a treat! The bill is a little steep, but Patrick insists on paying: they've been so well received, he owes it all to Gérard and Michelle.

On the way home, Adam and Clara continue their discussion. In fact, it's their last discussion: tomorrow morning, coffee and... departure for Lyon! They exchange phone numbers and promise to keep in touch. Clara promises herself not to write immediately when she gets home, to let a little time pass. In reality, she already knows how much she'll miss him. Céline, for her part, is a little sad to be leaving. But she can't hide her impatience to get home - and on a Saturday! Tennis day with Christophe.

Questions (Chapitre 7)

1. Pourquoi Céline se plaint-elle au petit-déjeuner le lendemain matin ?
a) Parce que le feu d'artifice était trop bruyant
b) Parce qu'elle a mal à la tête
c) Parce qu'elle a mal dormi à cause des ronflements de Scruffles
d) Parce qu'elle est encore fatiguée

2. Pourquoi Céline commence-t-elle à avoir envie de rentrer chez elle ?
a) Parce qu'elle a perdu le contact avec Christophe pendant les vacances
b) Parce qu'elle s'ennuie dans le Sud
c) Parce qu'elle est impatiente de retrouver son quotidien habituel
d) Parce que Christophe n'a pas pu venir pendant les vacances

3. Que fait Clara pendant l'après-midi du dernier jour à Antibes ?
a) Elle va faire une sieste
b) Elle cuisine un repas pour la famille
c) Elle range ses affaires pour le départ le lendemain
d) Elle fait un tour de bateau avec Adam

4. Quel plat commande Clara au restaurant ?
a) Un steak frites
b) Une bouillabaisse
c) Un filet de raie au beurre blanc
d) Des moules marinières

Questions (Chapter 7)

1. Why does Céline complain at breakfast the next morning?
a) Because the fireworks were too loud
b) Because she has a headache
c) Because she slept poorly due to Scruffles' snoring
d) Because she is still tired

2. Why does Céline start to want to go back home?
a) Because she lost contact with Christophe during the holidays
b) Because she's bored in the South
c) Because she's eager to return to her usual routine
d) Because Christophe couldn't come during the holidays

3. What does Clara do during the afternoon of the last day in Antibes?
a) She takes a nap
b) She cooks a meal for the family
c) She packs her belongings for departure the next day
d) She goes for a boat ride with Adam

4. What dish does Clara order at the restaurant?
a) Steak and fries
b) Bouillabaisse
c) Ray filet with white butter sauce
d) Mussels marinière

5. Que décident Adam et Clara sur le chemin du retour ?
a) Ils décident de se rencontrer le mois prochain à Lyon
b) Ils décident de rester en contact et échangent leurs numéros de téléphone
c) Ils décident de rester en contact et échangent leurs emails
d) Ils décident de voyager ensemble

5. What do Adam and Clara decide on the way back?
a) They decide to meet next month in Lyon
b) They decide to stay in touch and exchange phone numbers
c) They decide to stay in touch and exchange emails
d) They decide to travel together

8. Retour à Lyon

Malgré le départ **aux aurores**, la route a été longue, à cause du trafic et de Marie, qui n'aime définitivement pas les longs **trajets** en voiture. Mais le retour en ville s'est très bien passé : les filles rentrent chez elles, Clara est ravie de retrouver ses plantes en bonne santé. Constance a même laissé quelques gâteaux sur la table du salon et un bouquet de fleurs fraîches. L'appartement est tout **propre** et Scruffles est tout content d'être rentré. Un peu fatiguées, elles sont tout de même pile à l'heure pour se rendre au tennis. À peine le temps de poser les valises et de mettre les vêtements dans la machine à laver qu'elles doivent déjà **filer** vers le métro pour arriver à temps.

Céline et Christophe **sautent** dans les bras l'un de l'autre. C'est qu'ils s'étaient tant manqués ! Clara se met un peu à distance pour leur laisser le temps de se retrouver, mais très vite, Christophe, en bon professionnel, **lance** le cours de tennis. Les trois amis jouent tout en se racontant les vacances. L'ambiance est détendue et, **même si** les filles ne sont pas très en forme, elles profitent à fond de ces deux heures de sport. À la fin du cours, Céline s'éclipse avec Christophe, qui l'invite au restaurant. Clara rentre à l'appartement pour chercher Scruffles et **se dirige** vers chez Valentine, avec Constance, qu'elle croise dans les escaliers.

Tout semble déjà comme avant. En très peu de temps, Clara a déjà l'impression que les vacances dans le sud sont loin derrière elle. Mais son **bronzage** est là pour lui rappeler les bons moments passés à la plage. Elle raconte tout à ses amies, autour d'un thé, dans le salon confortable de Valentine : le bateau et la pêche, les merveilleux repas qui se prolongent, la mer, la plage, les cigales et les grillons, le feu d'artifice, le bal, et – bien sûr – le bel Adam. Constance et Valentine vont **chacune** de leur commentaire : « tu devrais le rappeler rapidement, » « **attends** quelques jours, laisse-le venir vers toi, » « il habite trop loin, prends tes distances… » Mais Clara **s'en fiche** : elle lui a déjà écrit. Elle n'a pas l'intention de laisser filer sa chance de le revoir !

Aux aurores (locution adverbiale) : at dawn, at daybreak
Trajet (m) (nom commun) : journey, trip
Propre (adjectif) : clean, neat, tidy
Filer (verbe) : to run, to rush
Sauter (verbe) : to jump
Lancer (verbe) : to start (in this context)
Même si (locution conjonction) : even if
Se diriger (verbe pronominal) : to head towards
Bronzage (m) (nom commun) : tan
Chacun (pronom) : each
Attendre (verbe) : to wait
S'en ficher (locution verbale) : to not care

Valentine, pour sa part, **a fait une croix sur** Valentin. Il ne semblait pas sérieux, pas assez impliqué. Ce n'était probablement qu'un **coup de cœur**. « Mieux vaut être seule que mal accompagnée, » conclue-t-elle en riant. Elle se sent indépendante et fière de l'être, elle n'a pas l'intention de **sacrifier** sa liberté pour une histoire compliquée. Constance partage ce sentiment.

Puis les filles parlent de la suite des vacances. Valentine confirme : elle veut bien garder Scruffles pendant quelques jours. Si elle doit **s'absenter**, la famille de Céline pourra **prendre la relève** sans problème. Constance, Céline et Clara partent le week-end prochain. Cela laisse une semaine pour faire des **trucs** sympas ensemble. Elles décident d'aller voir un film en plein air le soir même sur la place du Musée des Frères Lumière. Constance appelle Max et Clara **propose** à Céline et Christophe de les rejoindre.

Les six amis se retrouvent une heure avant la projection pour boire une bière sur la place et pour réserver une bonne place. Il leur semble que la vie n'a

jamais été différente : se retrouver, aller au cinéma, discuter, aller boire un verre, se promener. Mais Clara se sent un peu **vide** : Adam ne répond pas à ses messages. Elle a déjà connu ce sentiment, quand un garçon ne répond pas à ses messages. Elle se pose beaucoup de questions, elle a l'impression de s'être **trompée**, de s'être **fait des films**. Elle a beau se répéter que ça n'a sûrement rien à voir avec elle, que ce n'est même pas si grave, qu'elle n'a rien fait de mal, ou **tout simplement** qu'Adam est peut-être simplement très occupé : elle n'arrive pas à s'ôter cette idée de la tête. Adam est trop charmant pour elle et elle ne le **mérite** pas. Sa confiance en elle est mise à mal. Elle qui se sentait si bien dans ses baskets depuis sa séparation d'avec Julien : elle se sentait indépendante et heureuse, elle avait l'impression de faire ses propres choix, d'avancer en confiance. Ce sentiment l'a quittée à présent. C'est comme si la terre n'était plus stable sous ses pieds.

Faire une croix sur (locution verbale) : to forget about
Coup de cœur (m) (nom commun) : heart-stopper, love at first sight
Sacrifier (verbe) : to sacrifice
S'absenter (verbe pronominal) : to be away, to be absent
Prendre la relève (locution verbale) : to take the helm, to take over
Truc (m) (nom commun) : thing
Proposer (verbe) : to suggest
Vide (adjectif) : empty
Se tromper (verbe pronominal) to make a mistake
Se faire des films (locution verbale) : to imagine things
Tout simplement (locution adverbiale) : simply, just
Mériter (verbe) : to deserve

Max, qui est très sensible, ressent l'**angoisse** de Clara. Il n'hésite pas à s'asseoir à côté d'elle pour la projection et, au milieu du film, **au lieu de** regarder, il lui propose d'aller faire un tour.

« Qu'est-ce qui **te tracasse**, Clara ? demande-t-il. Tu n'as pas l'air en forme, tu es **fuyante**. À quoi tu penses ?

- Oh, ce n'est rien, je vais bien, répond Clara avec un sourire un peu triste et une **larme** à l'œil.

- C'est quoi cette larme ? dit Max en riant gentiment. Dis-donc, tu ne serais pas amoureuse **par hasard** ?

— Oh, amoureuse, c'est un grand mot ! Disons que je suis un peu sous le charme d'un garçon qui n'est pas pour moi, explique Clara en laissant couler ses **pleurs**.

— Voyons, ma belle, dit Max, comme un grand frère. Tu interprètes certainement beaucoup trop. Raconte-moi plutôt. Je veux des **faits** ! »

Clara **raconte** à Max : les vacances, Adam, le bateau, les longues conversations, la complicité. Puis ce silence. Max ne manque pas de lui rappeler que le silence n'a même pas duré vingt-quatre heures et qu'il peut y avoir mille raisons pour qu'Adam ne réponde pas : il est **peut-être** occupé, il est peut-être mal à l'aise à l'écrit, peut-être qu'il s'en fiche, mais peut-être aussi qu'il **cherche ses mots**, ou qu'il a besoin de quelques jours pour faire le point dans sa tête. Max se montre très rassurant et Clara se sent bientôt mieux. Il essaye de lui changer les idées, et de lui rappeler ainsi qu'il existe beaucoup d'autres choses intéressantes dans sa vie. L'amour, c'est joli, mais ce n'est pas tout !

Angoisse (f) (nom commun) : anxiety
Au lieu de (locution prépositionnelle) : instead of, in place of
Se tracasser (verbe pronominal) : to worry, to fret
Fuyant (adjectif) : evasive
Larme (f) (nom commun) : tear
Par hasard (locution adverbiale) : by any chance
Pleurs (m, pl) (nom commun) : cries
Fait (m) (nom commun) : fact
Raconter (verbe) : to tell, to relate
Peut-être (adverbe) : maybe, perhaps
Chercher ses mots (locution verbale) : to struggle to find words

Questions (Chapitre 8)

1. Pourquoi la route du retour a-t-elle si longue ?
a) À cause du mauvais temps
b) À cause des bouchons et parce que Marie n'aime pas les longs trajets en voiture
c) À cause d'un accident sur l'autoroute
d) À cause d'un pneu crevé

2. Que font Clara et Céline après être rentrées chez elles ?
a) Elles vont faire une sieste
b) Elles partent jouer au tennis
c) Elles préparent un dîner pour leurs amis
d) Elles font le ménage de l'appartement

3. Pourquoi Valentine a-t-elle décidé de mettre un terme à sa relation avec Valentin ?
a) Parce qu'elle voulait être libre et indépendante
b) Parce qu'il ne répondait pas à ses messages
c) Parce qu'il n'était pas sérieux ni assez impliqué
d) Parce qu'il était trop occupé avec son travail

4. Quelle activité les amis décident-ils de faire ensemble le soir même ?
a) Regarder un film en plein air sur la place du Musée des Frères Lumière
b) Aller dîner dans un restaurant chic
c) Faire une randonnée en montagne
d) Visiter un musée d'art contemporain

5. Quelle est la réaction de Max lorsqu'il remarque que Clara semble préoccupée pendant la projection du film ?
a) Il se moque gentiment d'elle
b) Il l'ignore et continue de regarder le film
c) Il lui propose d'aller faire un tour
d) Il lui demande de lui parler de ses sentiments

8. Retour à Lyon

Malgré le départ aux aurores, la route a été longue, à cause du trafic et de Marie, qui n'aime définitivement pas les longs trajets en voiture. Mais le retour en ville s'est très bien passé : les filles rentrent chez elles, Clara est ravie de retrouver ses plantes en bonne santé. Constance a même laissé quelques gâteaux sur la table du salon et un bouquet de fleurs fraîches. L'appartement est tout propre et Scruffles est tout content d'être rentré. Un peu fatiguées, elles sont tout de même pile à l'heure pour se rendre au tennis. À peine le temps de poser les valises et de mettre les vêtements dans la machine à laver qu'elles doivent déjà filer vers le métro pour arriver à temps.

Céline et Christophe sautent dans les bras l'un de l'autre. C'est qu'ils s'étaient tant manqués ! Clara se met un peu à distance pour leur laisser le temps de se retrouver, mais très vite, Christophe, en bon professionnel, lance le cours de tennis. Les trois amis jouent tout en se racontant les vacances. L'ambiance est détendue et, même si les filles ne sont pas très en forme, elles profitent à fond de ces deux heures de sport. À la fin du cours, Céline s'éclipse avec Christophe, qui l'invite au restaurant. Clara rentre à l'appartement pour chercher Scruffles et se dirige vers chez Valentine, avec Constance, qu'elle croise dans les escaliers.

8. Back to Lyon

Despite the early start, it was a long drive, due to the traffic and Marie, who definitely doesn't like long car journeys. But the trip back to town went very well: the girls returned home, and Clara was delighted to find her plants in good health. Constance even left a few cakes on the living room table and a bouquet of fresh flowers. The apartment is clean and Scruffles is happy to be home. A little tired, they're still right on time for tennis. Barely enough time to put their suitcases down and put their clothes in the washing machine before they have to dash to the metro to get there on time.

Céline and Christophe jump into each other's arms. They'd missed each other so much! Clara steps back a little to give them time to catch up, but soon Christophe, being a good professional, starts the tennis lesson. The three friends play and talk about their vacations. The atmosphere is relaxed and, even if the girls aren't in great shape, they make the most of the two hours of sport. At the end of the class, Céline slips away with Christophe, who invites her to the restaurant. Clara returns to the apartment to pick up Scruffles and heads for Valentine's with Constance, whom she meets on the stairs.

Tout semble déjà comme avant. En très peu de temps, Clara a déjà l'impression que les vacances dans le sud sont loin derrière elle. Mais son bronzage est là pour lui rappeler les bons moments passés à la plage. Elle raconte tout à ses amies, autour d'un thé, dans le salon confortable de Valentine : le bateau et la pêche, les merveilleux repas qui se prolongent, la mer, la plage, les cigales et les grillons, le feu d'artifice, le bal, et – bien sûr – le bel Adam. Constance et Valentine vont chacune de leur commentaire : « tu devrais le rappeler rapidement, » « attends quelques jours, laisse-le venir vers toi, » « il habite trop loin, prends tes distances... » Mais Clara s'en fiche : elle lui a déjà écrit. Elle n'a pas l'intention de laisser filer sa chance de le revoir !

Valentine, pour sa part, a fait une croix sur Valentin. Il ne semblait pas sérieux, pas assez impliqué. Ce n'était probablement qu'un coup de cœur. « Mieux vaut être seule que mal accompagnée, » conclue-t-elle en riant. Elle se sent indépendante et fière de l'être, elle n'a pas l'intention de sacrifier sa liberté pour une histoire compliquée. Constance partage ce sentiment.

Puis les filles parlent de la suite des vacances. Valentine confirme : elle veut bien garder Scruffles pendant quelques jours. Si elle doit s'absenter, la famille de Céline pourra prendre

Everything seems to be the same as before. In a very short space of time, Clara already has the impression that her vacation in the south is long gone. But her tan is there to remind her of the good times at the beach. She tells her friends all about it, over tea in Valentine's comfortable living room: the boat and the fishing, the wonderful meals that go on and on, the sea, the beach, the cicadas and crickets, the fireworks, the ball, and - of course - handsome Adam. Constance and Valentine each make a comment: "you should call him back soon," "wait a few days, let him come to you," "he lives too far away, keep your distance..." But Clara doesn't care: she's already written to him. She has no intention of letting her chance to see him slip away!

Valentine, for her part, has written Valentin off. He didn't seem serious or involved enough. He was probably just a crush. "It's better to be alone than badly accompanied," she concludes with a laugh. She feels independent and proud of it, and has no intention of sacrificing her freedom for a complicated affair. Constance shares this sentiment.

Then the girls talk about the rest of the vacation. Valentine confirms that she's willing to look after Scruffles for a few days. If she has to go away, Céline's family can take over without

la relève sans problème. Constance, Céline et Clara partent le week-end prochain. Cela laisse une semaine pour faire des trucs sympas ensemble. Elles décident d'aller voir un film en plein air le soir même sur la place du Musée des Frères Lumière. Constance appelle Max et Clara propose à Céline et Christophe de les rejoindre.

Les six amis se retrouvent une heure avant la projection pour boire une bière sur la place et pour réserver une bonne place. Il leur semble que la vie n'a jamais été différente : se retrouver, aller au cinéma, discuter, aller boire un verre, se promener. Mais Clara se sent un peu vide : Adam ne répond pas à ses messages. Elle a déjà connu ce sentiment, quand un garçon ne répond pas à ses messages. Elle se pose beaucoup de questions, elle a l'impression de s'être trompée, de s'être fait des films. Elle a beau se répéter que ça n'a sûrement rien à voir avec elle, que ce n'est même pas si grave, qu'elle n'a rien fait de mal, ou tout simplement qu'Adam est peut-être simplement très occupé : elle n'arrive pas à s'ôter cette idée de la tête. Adam est trop charmant pour elle et elle ne le mérite pas. Sa confiance en elle est mise à mal. Elle qui se sentait si bien dans ses baskets depuis sa séparation d'avec Julien : elle se sentait indépendante et heureuse, elle avait l'impression de faire ses propres choix, d'avancer en confiance. Ce sentiment l'a quittée à

any problem. Constance, Céline and Clara leave next weekend. That leaves a week to do something fun together. They decide to go and see an open-air film that evening in the square in front of the Musée des Frères Lumière. Constance calls Max and Clara suggests Céline and Christophe join them.

The six friends meet an hour before the screening for a beer in the square and to reserve a good seat. It seems to them that life has never been different: getting together, going to the movies, chatting, having a drink, going for a walk. But Clara feels a little empty: Adam doesn't answer her messages. She's experienced this feeling before, when a boy doesn't answer her messages. She's asking herself a lot of questions, feeling like she's made a mistake, that she's been fooled. No matter how many times she tells herself that it's probably nothing to do with her, that it's not even that serious, that she hasn't done anything wrong, or that maybe Adam is just busy, she can't get the idea out of her head. Adam is too charming for her, and she doesn't deserve him. She had been feeling so good about herself since her separation from Julien: she felt independent and happy, like she could make her own choices and move forward with confidence. That feeling has now left her. It's as if the earth is no longer stable under her feet.

présent. C'est comme si la terre n'était plus stable sous ses pieds.

Max, qui est très sensible, ressent l'angoisse de Clara. Il n'hésite pas à s'asseoir à côté d'elle pour la projection et, au milieu du film, au lieu de regarder, il lui propose d'aller faire un tour.

« Qu'est-ce qui te tracasse, Clara ? demande-t-il. Tu n'as pas l'air en forme, tu es fuyante. À quoi tu penses ?

- Oh, ce n'est rien, je vais bien, répond Clara avec un sourire un peu triste et une larme à l'œil.

- C'est quoi cette larme ? dit Max en riant gentiment. Dis-donc, tu ne serais pas amoureuse par hasard ?

- Oh, amoureuse, c'est un grand mot ! Disons que je suis un peu sous le charme d'un garçon qui n'est pas pour moi, explique Clara en laissant couler ses pleurs.

- Voyons, ma belle, dit Max, comme un grand frère. Tu interprètes certainement beaucoup trop. Raconte-moi plutôt. Je veux des faits ! »

Clara raconte à Max : les vacances, Adam, le bateau, les longues conversations, la complicité. Puis ce silence. Max ne manque pas de lui rappeler que le silence n'a même pas

Max, who is very sensitive, feels Clara's anguish. He doesn't hesitate to sit next to her for the screening and, halfway through the film, instead of watching, he suggests she go for a walk.

"What's on your mind, Clara? he asks. You don't look well, you're evasive. What's on your mind?

- Oh, it's nothing, I'm fine, replies Clara with a slightly sad smile and a tear in her eye.

- What's with the tear? says Max, laughing gently. By any chance, are you in love?

- Oh, in love, that's a big word! Let's just say I'm a bit under the spell of a boy who's not for me, Clara explains, letting her tears flow.

- Come on, sweetheart, says Max, like a big brother. You're probably reading too much into it. Tell me about it. I want the facts!"

Clara tells Max about the vacation, Adam, the boat, the long conversations, the complicity. Then the silence. Max is quick to remind her that the silence hasn't even lasted

duré vingt-quatre heures et qu'il peut y avoir mille raisons pour qu'Adam ne réponde pas : il est peut-être occupé, il est peut-être mal à l'aise à l'écrit, peut-être qu'il s'en fiche, mais peut-être aussi qu'il cherche ses mots, ou qu'il a besoin de quelques jours pour faire le point dans sa tête. Max se montre très rassurant et Clara se sent bientôt mieux. Il essaye de lui changer les idées, et de lui rappeler ainsi qu'il existe beaucoup d'autres choses intéressantes dans sa vie. L'amour, c'est joli, mais ce n'est pas tout !

twenty-four hours, and that there could be a thousand reasons why Adam hasn't replied: maybe he's busy, maybe he's uncomfortable with the written word, maybe he doesn't care, but maybe he's searching for the right words, or needs a few days to clear his head. Max is very reassuring and Clara soon feels better. He tries to take her mind off things, and remind her that there are many other interesting things in her life. Love is nice, but it's not everything!

Questions (Chapitre 8)

1. Pourquoi la route du retour a-t-elle si longue ?
a) À cause du mauvais temps
b) À cause des bouchons et parce que Marie n'aime pas les longs trajets en voiture
c) À cause d'un accident sur l'autoroute
d) À cause d'un pneu crevé

2. Que font Clara et Céline après être rentrées chez elles ?
a) Elles vont faire une sieste
b) Elles partent jouer au tennis
c) Elles préparent un dîner pour leurs amis
d) Elles font le ménage de l'appartement

3. Pourquoi Valentine a-t-elle décidé de mettre un terme à sa relation avec Valentin ?
a) Parce qu'elle voulait être libre et indépendante
b) Parce qu'il ne répondait pas à ses messages
c) Parce qu'il n'était pas sérieux ni assez impliqué
d) Parce qu'il était trop occupé avec son travail

4. Quelle activité les amis décident-ils de faire ensemble le soir même ?
a) Regarder un film en plein air sur la place du Musée des Frères Lumière
b) Aller dîner dans un restaurant chic
c) Faire une randonnée en montagne

Questions (Chapter 8)

1. Why was the journey back long?
a) Because of bad weather
b) Due to traffic and because Marie doesn't like long car journeys
c) Because of an accident on the highway
d) Due to a flat tire

2. What do Clara and Céline do after returning home?
a) They take a nap
b) They go play tennis
c) They prepare dinner for their friends
d) They clean the apartment

3. Why did Valentine decide to end her relationship with Valentin?
a) Because she wanted to be free and independent
b) Because he didn't respond to her messages
c) Because he wasn't serious or committed enough
d) Because he was too busy with his work

4. What activity do the friends decide to do together that evening?
a) Watch an outdoor film at the Musée des Frères Lumière square
b) Go to dinner at a fancy restaurant
c) Go for a mountain hike
d) Visit a contemporary art museum

d) Visiter un musée d'art contemporain

5. Quelle est la réaction de Max lorsqu'il remarque que Clara semble préoccupée pendant la projection du film ?
a) Il se moque gentiment d'elle
b) Il l'ignore et continue de regarder le film
c) Il lui propose d'aller faire un tour
d) Il lui demande de lui parler de ses sentiments

5. What is Max's reaction when he notices that Clara seems preoccupied during the film screening?
a) He teases her gently
b) He ignores her and continues watching the film
c) He suggests they go for a walk
d) He asks her to talk to him about her feelings

9. Préparatifs et voyage vers la capitale

La semaine s'écoule lentement, **au rythme des** rencontres avec les amis, des promenades avec Scruffles, des dîners en famille. Clara passe la majorité de son temps **seule** ou avec Constance, car Céline passe la majorité du sien avec Christophe. Si bien que Constance et Clara **deviennent** rapidement très, très bonnes amies.

Constance **traîne** Clara avec elle dans ses journées et ses soirées à la Friche RVI, grand squat artistique de la ville de Lyon, où elle rencontre des artistes, des **peintres**, des musiciens... Tous sont des activistes **de gauche**, engagés dans une **lutte** politique. Clara ne s'intéresse pas beaucoup à la politique, mais elle est fascinée par ce **milieu** de personnages qui convergent vers les mêmes idées et débattent jusqu'à tard le soir au sujet des réformes en cours, de la justice et du gouvernement. Elle apprend de nombreuses choses sur l'histoire de la France : la guerre et l'**après-guerre**, les premières lois sociales, la décolonisation, les territoires **d'outre-mer**... C'est passionnant. Comme Constance a la clef de la Friche, elles peuvent y aller quand elles le souhaitent.

C'est aussi l'occasion pour Clara de s'essayer à la peinture, à la photographie et à la sculpture. Les « frichards, » comme ils se font appeler, l'**accueillent à**

bras ouverts et lui offrent d'assister à des ateliers pour s'initier aux différentes techniques. Il y a également une compagnie de danseurs qui répète presque tous les jours. Clara adore regarder les danseurs **s'exercer**, elle qui n'a jamais su enchaîner deux pas de danse.

>**Au rythme de** (locution prépositionnelle) : at the pace of
>**Seul** (adjectif) : alone
>**Devenir** (verbe) : to become
>**Traîner** (verbe) : to drag
>**Peintre** (f, m) (nom commun) : painter, artist
>**De gauche** (locution adjectivale) : left-wing
>**Lutte** (f) (nom commun) : struggle, conflict
>**Milieu** (m) (nom commun) : circle, social environment (in this context)
>**Après-guerre** (f, m) (nom commun) : post-war period
>**D'outre-mer** (locution adjectivale) : overseas, abroad
>**Accueillir à bras ouverts** (locution verbale) : to welcome with open arms
>**S'exercer** (verbe pronominal) : to train, to practice

Malgré tous ces bons moments, elle est un peu triste. Après quelques jours, elle a arrêté d'attendre une réponse d'Adam et elle s'est fait une raison : il ne lui écrira pas. Elle se sent surtout déçue d'elle-même, car elle ne comprend pas **comment** elle a pu se faire un tel film. Elle aurait dû s'en douter... Et puis, en plus, c'est un ami de la famille de son amie. C'était couru d'avance, elle regrette de s'être emballée. Au moins, elle n'en a jamais parlé à Céline !

À la fin de la semaine, le jour précédant leur départ en train, Clara et Céline se retrouvent pour **faire leur valise**. C'est vite fait : il s'agit de porter le moins de choses possible, pour ne pas être **encombrées**. Deux petites valises, avec le nécessaire pour des jours de beau temps, un pantalon et des chaussures fermées en cas de **pluie**. Pas de pull, car il fait très chaud, mais une écharpe pour le cas où. Clara descend ensuite le chien chez Valentine, avec ses plantes, car Constance ne sera pas là pour les **arroser**. Scruffles semble **confus** quand il arrive chez Valentine : il comprend qu'il se passe quelque chose d'inhabituel et il se montre inquiet. Il ne bouge presque pas et regarde avec insistance sa **maîtresse** ; il semble l'implorer : « tu ne vas pas m'abandonner, quand même ? » Clara se penche vers lui pour le rassurer. Mais Scruffles ne parle ni anglais, ni français. Impossible de lui expliquer que tout va bien se passer et qu'elle sera de retour bien vite.

Heureusement, Valentine est très heureuse de s'occuper de lui, et elle promet

de le promener souvent, de lui apprendre des nouveaux tours et de ne pas le laisser seul trop longtemps. Clara s'en va en caressant Scruffles pour lui dire au revoir. Le petit animal ne comprend pas et reste **derrière** la porte quand elle part. Valentine racontera à Clara que le chien est resté derrière la porte pendant **près** d'une demi-heure ! Puis, quand il a compris qu'elle ne reviendrait pas, il est allé se réfugier sur les genoux de Valentine. Mais **dès** le lendemain, tout s'est bien passé.

Malgré (préposition) : despite, in spite of
Comment (adverbe) : how, in what way
Faire sa valise (locution verbale) : to pack, to pack your bags
Encombré (adjectif) : congested, blocked
Pluie (f) (nom commun) : rain
Arroser (verbe) : to water
Confus (adjectif) : confused
Maîtresse (f) (nom commun) : mistress, owner
Heureusement (adverbe) : fortunately, luckily
Derrière (préposition) : behind
Près (adverbe) : nearby, close by
Dès (préposition) : as soon as

Le lendemain, justement, Constance, Céline et Clara se rendent à la **gare**. C'est Christophe qui les accompagne en voiture, pour leur éviter le métro à l'**heure de pointe**. Le train est en retard – Constance fait remarquer que cela n'a rien de bien surprenant et elle en profite pour **râler** sur la **SNCF**. Mais après une heure, le train arrive et part presque immédiatement. Ce voyage en **TGV** ravit Clara. C'est très calme, très stable, on se croirait dans un **vaisseau**. Il y a même une voiture bar où l'on peut commander des sandwichs très chers et infects, mais aussi quelques boissons. C'est tout de même très agréable, et surtout très rapide. **En un rien de temps** – à peine deux heures – elles arrivent à la Gare de Lyon, à Paris.

La gare est grande et belle. On voit bien qu'elle est ancienne. Clara est particulièrement impressionnée par la grande **horloge**, à l'extérieur. Dès leur arrivée, les filles prennent le métro vers leurs destinations respectives. Elles achètent des carnets de tickets, puis Constance va dormir chez un ami à Alésia, dans le quatorzième **arrondissement**, et Clara et Céline vont chez une amie à Pyrénées, dans le dix-neuvième arrondissement. Clara regarde la carte des métros et elle sourit : ça a l'air bien compliqué. Moins compliqué que le métro new-yorkais, mais tout de même !

Arrivées à destination, Clara et Céline trouvent l'immeuble de l'amie de Céline, qui s'appelle Amandine. C'est tout **en haut de** la rue de Belleville, qui est bordée de restaurants et de boutiques asiatiques et autres caves à vin, **épiceries fines**, bureaux de tabac, bouquinistes, fleuristes, boulangeries. La rue est très animée, et Clara a du mal à croire que Paris est calme en cette période de l'année, comme le suggéraient ses amies en début de mois. Et, quand elle se retourne pour regarder les passants, elle en laisse presque tomber sa valise : la tour Eiffel est là, entière, loin devant elle, **en contrebas de** la rue. Magnifique. C'est comme un rêve qui devient réalité : Paris !

Gare (f) (nom commun) : train station
Heure de pointe (f) (nom commun) : rush hour, peak time
Râler (verbe) : to grumble, to complain
SNCF (f) (nom propre, Société Nationale des Chemins de Fer Français) : National Company of the French Railways
TGV (m) (nom commun, train à grande vitesse) : high-speed train
Vaisseau (m) (nom commun) : ship, boat
En un rien de temps (locution adverbiale) : in no time at all
Horloge (f) (nom commun) : clock
Arrondissement (m) (nom commun) : district
En haut de (locution prépositionnelle) : at the top of
Épicerie fine (f) (nom commun) : delicatessen
En contrebas de (locution adverbiale) : below

Questions (Chapitre 9)

1. Pourquoi Clara est-elle fascinée par l'ambiance à la Friche RVI ?
a) Parce qu'elle y rencontre des célébrités
b) Parce qu'elle y trouve des ateliers artistiques
c) Parce qu'elle y découvre un milieu politique engagé
d) Parce qu'elle assiste à des spectacles de danse et théâtre là bas

2. Pourquoi Clara est-elle un peu triste malgré les bons moments passés ?
a) Parce qu'elle n'a pas pu faire tout ce qu'elle voulait pendant ses vacances
b) Parce qu'elle regrette de ne pas avoir parlé à Céline de ses sentiments pour Adam
c) Parce qu'elle s'est fait une raison qu'Adam ne lui écrira pas
d) Parce qu'elle doit abandonner son chien chez Valentine

3. Comment Clara prépare-t-elle sa valise pour le voyage à Paris ?
a) Elle emporte beaucoup de vêtements au cas où
b) Elle prend uniquement le strict nécessaire
c) Elle ne prend que des vêtements d'été
d) Elle prend des pulls

4. Pourquoi Christophe accompagne-t-il les filles à la gare ?
a) Pour leur éviter le métro à l'heure de pointe
b) Pour leur montrer le chemin vers la gare
c) Pour leur offrir un dernier café avant le voyage
d) Pour leur dire au revoir

5. Quelle est l'impression de Clara sur le voyage en TGV ?
a) Elle le trouve calme, stable et rapide
b) Elle le trouve ennuyeux et inconfortable
c) Elle le trouve bruyant et chaotique
d) Elle le trouve cher mais délicieux

9. Préparatifs et voyage vers la capitale

La semaine s'écoule lentement, au rythme des rencontres avec les amis, des promenades avec Scruffles, des dîners en famille. Clara passe la majorité de son temps seule ou avec Constance, car Céline passe la majorité du sien avec Christophe. Si bien que Constance et Clara deviennent rapidement très, très bonnes amies.

Constance traîne Clara avec elle dans ses journées et ses soirées à la Friche RVI, grand squat artistique de la ville de Lyon, où elle rencontre des artistes, des peintres, des musiciens... Tous sont des activistes de gauche, engagés dans une lutte politique. Clara ne s'intéresse pas beaucoup à la politique, mais elle est fascinée par ce milieu de personnages qui convergent vers les mêmes idées et débattent jusqu'à tard le soir au sujet des réformes en cours, de la justice et du gouvernement. Elle apprend de nombreuses choses sur l'histoire de la France : la guerre et l'après-guerre, les premières lois sociales, la décolonisation, les territoires d'outre-mer... C'est passionnant. Comme Constance a la clef de la Friche, elles peuvent y aller quand elles le souhaitent.

C'est aussi l'occasion pour Clara de s'essayer à la peinture, à la photographie et à la sculpture. Les

9. Preparations and journey to the capital

The week passes slowly, to the rhythm of meetings with friends, walks with Scruffles and family dinners. Clara spends most of her time alone or with Constance, as Céline spends most of hers with Christophe. As a result, Constance and Clara quickly become very, very good friends.

Constance drags Clara along with her on her days and evenings at the Friche RVI, a large art squat in the city of Lyon, where she meets artists, painters, musicians... All are left-wing activists engaged in a political struggle. Clara wasn't much interested in politics, but she was fascinated by this environment of like-minded people, debating late into the night about current reforms, justice and government. She learns a lot about French history: the war and post-war period, the first social laws, decolonization, the overseas territories... It's a fascinating story. As Constance has the key to La Friche, they can go there whenever they like.

It's also an opportunity for Clara to try her hand at painting, photography and sculpture. The "frichards," as they

« frichards, » comme ils se font appeler, l'accueillent à bras ouverts et lui offrent d'assister à des ateliers pour s'initier aux différentes techniques. Il y a également une compagnie de danseurs qui répète presque tous les jours. Clara adore regarder les danseurs s'exercer, elle qui n'a jamais su enchaîner deux pas de danse.

Malgré tous ces bons moments, elle est un peu triste. Après quelques jours, elle a arrêté d'attendre une réponse d'Adam et elle s'est fait une raison : il ne lui écrira pas. Elle se sent surtout déçue d'elle-même, car elle ne comprend pas comment elle a pu se faire un tel film. Elle aurait dû s'en douter... Et puis, en plus, c'est un ami de la famille de son amie. C'était couru d'avance, elle regrette de s'être emballée. Au moins, elle n'en a jamais parlé à Céline !

À la fin de la semaine, le jour précédant leur départ en train, Clara et Céline se retrouvent pour faire leur valise. C'est vite fait : il s'agit de porter le moins de choses possible, pour ne pas être encombrées. Deux petites valises, avec le nécessaire pour des jours de beau temps, un pantalon et des chaussures fermées en cas de pluie. Pas de pull, car il fait très chaud, mais une écharpe pour le cas où. Clara descend ensuite le chien chez Valentine, avec ses plantes, car Constance ne sera pas là pour les arroser. Scruffles semble confus quand il arrive chez Valentine : il

call themselves, welcome her with open arms and offer her the chance to attend workshops to learn about the various techniques. There's also a company of dancers who rehearse almost every day. Clara loves to watch the dancers practicing, even though she has never been able to link two dance steps together.

Despite all these good times, she's a little sad. After a few days, she stopped waiting for a reply from Adam and made up her mind: he wouldn't write to her. Above all, she feels disappointed in herself, because she doesn't understand how she could have made such a film. She should have known better... Besides, he's a friend of her friend's family. It was a foregone conclusion, and she regrets getting carried away. At least she never told Céline!

At the end of the week, the day before their train departure, Clara and Céline get together to pack their suitcases. It's a quick job: the idea is to carry as few things as possible, so as not to be encumbered. Two small suitcases, with the essentials for sunny days, pants and closed shoes in case of rain. No sweater, as it's very hot, but a scarf just in case. Clara then takes the dog down to Valentine's, along with her plants, as Constance won't be there to water them. Scruffles looks confused when he arrives at Valentine's: he understands that something unusual is going on,

comprend qu'il se passe quelque chose d'inhabituel et il se montre inquiet. Il ne bouge presque pas et regarde avec insistance sa maîtresse ; il semble l'implorer : « tu ne vas pas m'abandonner, quand même ? » Clara se penche vers lui pour le rassurer. Mais Scruffles ne parle ni anglais, ni français. Impossible de lui expliquer que tout va bien se passer et qu'elle sera de retour bien vite.

Heureusement, Valentine est très heureuse de s'occuper de lui, et elle promet de le promener souvent, de lui apprendre des nouveaux tours et de ne pas le laisser seul trop longtemps. Clara s'en va en caressant Scruffles pour lui dire au revoir. Le petit animal ne comprend pas et reste derrière la porte quand elle part. Valentine racontera à Clara que le chien est resté derrière la porte pendant près d'une demi-heure ! Puis, quand il a compris qu'elle ne reviendrait pas, il est allé se réfugier sur les genoux de Valentine. Mais dès le lendemain, tout s'est bien passé.

Le lendemain, justement, Constance, Céline et Clara se rendent à la gare. C'est Christophe qui les accompagne en voiture, pour leur éviter le métro à l'heure de pointe. Le train est en retard – Constance fait remarquer que cela n'a rien de bien surprenant et elle en profite pour râler sur la SNCF. Mais après une heure, le train arrive et part presque immédiatement. Ce voyage en TGV ravit Clara. C'est très

and is worried. He hardly moves, but looks insistently at his mistress; he seems to be imploring her: "you're not going to leave me, are you?" Clara leans over to reassure him. But Scruffles speaks neither English nor French. It's impossible to explain to him that everything's going to be all right and that she'll be back soon.

Fortunately, Valentine is very happy to look after him, and she promises to take him for walks often, teach him new tricks and not leave him alone for too long. Clara leaves, stroking Scruffles to say goodbye. The little animal doesn't understand and stays behind the door when she leaves. Valentine tells Clara that the dog stayed behind the door for almost half an hour! Then, when he realized she wasn't coming back, he went to take refuge in Valentine's lap. But the very next day, all went well.

The very next day, Constance, Céline and Clara went to the station. Christophe accompanies them by car, to avoid the rush-hour subway. The train is late - Constance points out that this is hardly surprising, and takes the opportunity to grumble about the SNCF. But after an hour, the train arrives and leaves almost immediately. Clara is delighted by this TGV journey. It's very quiet,

calme, très stable, on se croirait dans un vaisseau. Il y a même une voiture bar où l'on peut commander des sandwichs très chers et infects, mais aussi quelques boissons. C'est tout de même très agréable, et surtout très rapide. En un rien de temps – à peine deux heures – elles arrivent à la Gare de Lyon, à Paris.

La gare est grande et belle. On voit bien qu'elle est ancienne. Clara est particulièrement impressionnée par la grande horloge, à l'extérieur. Dès leur arrivée, les filles prennent le métro vers leurs destinations respectives. Elles achètent des carnets de tickets, puis Constance va dormir chez un ami à Alésia, dans le quatorzième arrondissement, et Clara et Céline vont chez une amie à Pyrénées, dans le dix-neuvième arrondissement. Clara regarde la carte des métros et elle sourit : ça a l'air bien compliqué. Moins compliqué que le métro new-yorkais, mais tout de même !

Arrivées à destination, Clara et Céline trouvent l'immeuble de l'amie de Céline, qui s'appelle Amandine. C'est tout en haut de la rue de Belleville, qui est bordée de restaurants et de boutiques asiatiques et autres caves à vin, épiceries fines, bureaux de tabac, bouquinistes, fleuristes, boulangeries. La rue est très animée, et Clara a du mal à croire que Paris est calme en cette période de l'année, comme le suggéraient ses amies en début de mois. Et, quand elle se

very stable, like being on a ship. There's even a bar car where you can order very expensive and awful sandwiches, as well as a few drinks. All the same, it's very pleasant, and above all, very quick. In no time at all - barely two hours - they arrive at the Gare de Lyon in Paris.

The station is big and beautiful. You can tell it's old. Clara is particularly impressed by the big clock outside. As soon as they arrive, the girls take the metro to their respective destinations. They buy booklets of tickets, then Constance goes to sleep at a friend's in Alésia, in the fourteenth arrondissement, and Clara and Céline go to a friend's in Pyrénées, in the nineteenth arrondissement. Clara looks at the metro map and smiles: it looks very complicated. Not as complicated as the New York subway, but still!

Arriving at their destination, Clara and Céline find Céline's friend Amandine's building. It's at the very top of Rue de Belleville, which is lined with Asian restaurants and boutiques, wine cellars, delicatessens, tobacconists, bookshops, florists and bakeries. The street is bustling with activity, and Clara finds it hard to believe that Paris is quiet at this time of year, as her friends suggested earlier this month. And when she turns to look at the passers-by, she

retourne pour regarder les passants, elle en laisse presque tomber sa valise : la tour Eiffel est là, entière, loin devant elle, en contrebas de la rue. Magnifique. C'est comme un rêve qui devient réalité : Paris !

almost drops her suitcase: there it is, the Eiffel Tower in its entirety, far ahead of her, below the street. Magnificent. It's like a dream come true: Paris!

Questions (Chapitre 9)

1. Pourquoi Clara est-elle fascinée par l'ambiance à la Friche RVI ?
a) Parce qu'elle y rencontre des célébrités
b) Parce qu'elle y trouve des ateliers artistiques
c) Parce qu'elle y découvre un milieu politique engagé
d) Parce qu'elle assiste à des spectacles de danse et théâtre là bas

2. Pourquoi Clara est-elle un peu triste malgré les bons moments passés ?
a) Parce qu'elle n'a pas pu faire tout ce qu'elle voulait pendant ses vacances
b) Parce qu'elle regrette de ne pas avoir parlé à Céline de ses sentiments pour Adam
c) Parce qu'elle s'est fait une raison qu'Adam ne lui écrira pas
d) Parce qu'elle doit abandonner son chien chez Valentine

3. Comment Clara prépare-t-elle sa valise pour le voyage à Paris ?
a) Elle emporte beaucoup de vêtements au cas où
b) Elle prend uniquement le strict nécessaire
c) Elle ne prend que des vêtements d'été
d) Elle prend des pulls

4. Pourquoi Christophe accompagne-t-il les filles à la gare ?
a) Pour leur éviter le métro à l'heure de pointe

Questions (Chapter 9)

1. Why is Clara fascinated by the atmosphere at Friche RVI?
a) Because she meets celebrities there
b) Because she finds artistic workshops there
c) Because she discovers an engaged political environment there
d) Because she attends dance and theater performances there

2. Why is Clara feeling a little sad despite the good times?
a) Because she couldn't do everything she wanted during her vacation
b) Because she regrets not talking to Céline about her feelings for Adam
c) Because she has resigned herself that Adam won't write to her
d) Because she has to leave her dog with Valentine

3. How does Clara pack her suitcase for the trip to Paris?
a) She takes a lot of clothes just in case
b) She only takes the essentials
c) She only takes summer clothes
d) She takes sweaters

4. Why does Christophe accompany the girls to the train station?
a) To avoid the rush hour subway
b) To show them the way to the train

109

b) Pour leur montrer le chemin vers la gare
c) Pour leur offrir un dernier café avant le voyage
d) Pour leur dire au revoir

b) To show them the way to the station
c) To offer them one last coffee before the trip
d) To bid them farewell

5. Quelle est l'impression de Clara sur le voyage en TGV ?
a) Elle le trouve calme, stable et rapide
b) Elle le trouve ennuyeux et inconfortable
c) Elle le trouve bruyant et chaotique
d) Elle le trouve cher mais délicieux

5. What is Clara's impression of the TGV trip?
a) She finds it calm, stable, and fast
b) She finds it boring and uncomfortable
c) She finds it noisy and chaotic
d) She finds it expensive but delicious

10. Paris, je t'aime !

Les filles montent les escaliers du bel immeuble où habite Amandine, avec Victor, son copain. Elles **frappent** à la porte, et c'est Amandine qui vient ouvrir, avec un large sourire : « Booonjour ! » Amandine est toute petite. Elle **a les cheveux bruns** et courts, de grands yeux bleus et un immense sourire. Elle a l'air vraiment gentille. Les filles entrent dans le petit appartement. **Sur la droite**, il y a une cuisine et une salle de bain. En face, il y a le salon, qui donne sur la rue. **Sur la gauche**, il y a deux petites chambres et des toilettes. C'est petit, mais très joli et **chaleureux**. Amandine guide ses amies vers la chambre d'amis, qui est en fait un bureau avec un canapé **dépliable** : elles dormiront dans le même lit pendant une semaine. Dans la cuisine, ça sent très bon : Victor est en train de cuisiner. Clara va le saluer et se présenter. Victor est très grand, avec les cheveux longs et les yeux marrons. L'inverse exact d'Amandine ! Cela fait sourire Clara.

Victor cuisine un bœuf bourguignon. Clara **s'empresse** de lui demander la recette.

« C'est vraiment facile, explique Victor. Du bœuf, des petits oignons, des champignons, des carottes, un bouquet garni et du vin. Rien de compliqué,

l'essentiel c'est de le préparer en avance, parce que c'est bien meilleur si ça **cuit** longtemps.

- Je vais noter la recette, dit alors Clara, pour mon blog. Je peux prendre des photos ?

- Bien sûr ! Mais ce sera encore plus beau dans ton **assiette** ! » répond Victor.

Un doux bruit se fait entendre dans le salon : Amandine vient d'ouvrir une bouteille de Bordeaux. Elle a disposé des tartines sur un plat, pour l'apéritif. Clara, Victor, Céline et Amandine s'installent ensemble dans le salon et commencent à **discuter**. Puis, progressivement, d'autres invités arrivent : **d'abord** Manue et Jean, puis Déborah et Anas. **Pour finir**, Marie et Matthew arrivent, un peu en retard. Ce sont tous des amis d'Amandine et de Céline. Ils étaient ensemble à l'école, mais ils sont partis faire leurs études et travailler à Paris.

> **Frapper** (verbe) : to knock
> **Avoir les cheveux bruns** (locution verbale) : to have brown hair
> **Sur la droite** (locution adverbiale) : on the right, to the right
> **Sur la gauche** (locution adverbiale) : on the left, to the left
> **Chaleureux** (adjectif) : warm, welcoming
> **Dépliable** (adjectif) : folding, convertible
> **S'empresser** (verbe pronominal) : to hasten
> **Cuire** (verbe) : to cook, to bake
> **Assiette** (f) (nom commun) : plate
> **Discuter** (verbe) ; to discuss, to debate
> **D'abord** (adverbe) : first, first of all
> **Pour finir** (locution adverbiale) : finally, to finish, to end

Clara passe une soirée fantastique. Les amis font plein de projets pour la semaine : promenades, visites de musées, cinéma, **balade** sur le canal Saint Martin, bistrot à Belleville, magasin... Clara **a hâte de** découvrir la ville avec ses nouveaux amis. Rien de mieux que d'être une touriste accompagnée par des locaux !

Puis le bœuf bourguignon est servi, avec des **pâtes** fraîches. Victor semble être le cuisinier officiel de la petite bande. Tout le monde se régale. Quand le repas est fini, la vaisselle faite, la table rangée, Manue et Jean décident de rentrer chez eux, car ils habitent un peu loin et sont un peu fatigués. Tous les

autres se décident pour une promenade dans Paris « by night. » Clara **enfile** une petite **veste** légère et chacun se met en route. De nuit, la Tour Eiffel **brille** : elle est toute illuminée. Elle est assez loin, mais **on dirait qu'**elle est toute proche. Comme les immeubles sont bas, elle semble immense.

Le groupe d'amis se dirige doucement **vers** le centre-ville. C'est une longue marche d'une heure, mais ça en vaut la peine. Clara découvre la **vie nocturne** de Paris : les étrangers, les touristes, les restaurants, les rues illuminées, les bars, le **fleuve**, le canal. Les petites **ruelles** et les grands boulevards haussmanniens. Elle sent bien qu'elle va tomber amoureuse de la ville. Dans le quartier du Marais, les amis s'installent en terrasse pour un dernier verre avant de se séparer. C'est un peu cher, mais quand on n'a jamais bu un verre dans le Marais, il faut une première fois. Autour de la table, ils font le planning de la semaine.

Demain, promenade dans le Parc des Buttes Chaumont, puis pique-nique. Ensuite, direction La Villette pour une nouvelle promenade, peut-être un musée, un verre sur une **péniche** et une **pétanque**. Plus tard, dans la semaine : Musée Gustave Moreau, promenade dans le quartier de Pigalle, bouquinistes, promenade dans les différents passages couverts, quartier latin, quartier Saint Germain, Panthéon, la Sorbonne, le Luxembourg… Tous ces noms qui font briller les yeux de Clara. Légèrement **pompette** et grisée par la vie nocturne de la capitale, elle parle un peu fort et rit avec enthousiasme. Céline est fière de son amie, qui, malgré son accent américain toujours présent, parle maintenant un très bon français.

Balade (f) (nom commun) : stroll, walk, ramble
Avoir hâte de (locution verbale) : to look forward to doing [sth]
Pâtes (f, pl) : pasta
Enfiler (verbe) : to put on (in this context)
Veste (f) (nom commun) : jacket
Briller (verbe) : to shine
On dirait que (expression) : it seems like, it looks like
Vers (préposition) : toward, towards, to
Vie nocturne (f) (nom commun) : night life
Fleuve (m) (nom commun) : river
Ruelle (f) (nom commun) : alley
Péniche (f) (nom commun) : barge
Pétanque (f) (nom commun) : boules
Pompette (adjectif) : tipsy

La semaine va passer très vite avec toutes ces activités ! Mais il faut rentrer se coucher pour **être en forme** le lendemain matin. Tout le monde rentre en métro. Clara et Céline préparent leur lit, **se brossent les dents** et passent leurs pyjamas. Quand elles vont se coucher, Céline ne tarde pas à s'endormir. Mais elle est réveillée par la lumière du téléphone de Clara.

« Éteins ton téléphone, **bécasse** ! lui dit-elle. Je dors, et puis tu devrais dormir aussi.

- Attends, attends, je viens de recevoir un message, explique Clara.

- Ne me dit pas que c'est plus important que de dormir, bougonne Céline, visiblement fatiguée.

- Alors **figure-toi que** si, c'est super important, répond Clara en souriant.

- Ah, et c'est qui, ton **prince charmant** ? demande alors Céline, un peu curieuse malgré la fatigue.

- Tu ne devineras jamais, **défie** Clara.

- Vas-y, balance ! C'est qui ? Je peux pas **deviner** ! dit Céline, un peu énervée, mais piquée de curiosité.

- Essaye, au moins. Allez, essaye ! insiste Clara, visiblement aux anges.

- Qui ça peut bien être... cherche Céline. Il est à la fac ?

- Nope, pas à la fac. Essaye encore, » dit Clara.

Céline cherche dans sa mémoire mais n'arrive pas à penser à **quelqu'un**. Quand il lui vient une idée, soudainement :

« Non ! Ne me dis pas que c'est... Adam ? demande-t-elle, presque sûre de sa réponse.

- Bingo ! s'exclame Clara, **désinhibée** par la bière, l'air ravi.

- Ha ha ! J'étais sûre que vous vous plaisiez ! s'exclame à son tour Céline. Bon allez, réponds vite mais on en parle demain. **Cachottière**, tu ne m'avais rien

dit. Bonne nuit ! »

Clara réprime un rire, répond au message en vitesse, éteins son téléphone et pose sa tête sur son oreiller. Avant de **s'endormir**, elle a tout juste le temps de se rappeler **à quel point** elle est chanceuse et heureuse.

Être en forme (locution verbale) : to feel good (in this context)
Se brosser les dents (locution verbale) : to brush your teeth
Bécasse (f) (nom commun) : silly goose
Figure-toi que (locution conjonction) : guess what
Prince charmant (m) (nom commun) : Prince Charming
Défier (verbe) : to defy, to challenge
Deviner (verbe) : to guess
Quelqu'un (pronom) : someone, somebody
Désinhibé (adjectif) : uninhibited
Cachottière (f) (nom commun) : secretive person
S'endormir (verbe pronominal) : to fall asleep
À quel point (locution adverbiale) : how much, how far

Questions (Chapitre 10)

1. Où dorment Clara et Céline chez Amandine ?
a) Dans la chambre d'amis sur un canapé dépliable
b) Dans la chambre d'amis avec un grand lit
c) Dans la chambre d'Amandine
d) Dans le salon avec un petit lit

2. Que cuisine Victor pour le dîner ?
a) Une salade niçoise
b) Des pâtes carbonara
c) Un poulet rôti
d) Un bœuf bourguignon

3. Que font Manue et Jean après le dîner ?
a) Ils décident de faire une promenade dans Paris
b) Ils rentrent chez eux car ils sont fatigués
c) Ils proposent de faire une pétanque
d) Ils restent pour prendre un dernier verre

4. Où le groupe d'amis se rend-il pour un dernier verre avant de se séparer ?
a) Au quartier Saint Germain
b) Au Parc des Buttes Chaumont
c) Au Marais
d) À La Villette

5. Qui est l'expéditeur du message que Clara reçoit ?
a) Julien
b) Adam
c) Christophe
d) Son père

10. Paris, je t'aime !

Les filles montent les escaliers du bel immeuble où habite Amandine, avec Victor, son copain. Elles frappent à la porte, et c'est Amandine qui vient ouvrir, avec un large sourire : « Booonjour ! » Amandine est toute petite. Elle a les cheveux bruns et courts, de grands yeux bleus et un immense sourire. Elle a l'air vraiment gentille. Les filles entrent dans le petit appartement. Sur la droite, il y a une cuisine et une salle de bain. En face, il y a le salon, qui donne sur la rue. Sur la gauche, il y a deux petites chambres et des toilettes. C'est petit, mais très joli et chaleureux. Amandine guide ses amies vers la chambre d'amis, qui est en fait un bureau avec un canapé dépliable : elles dormiront dans le même lit pendant une semaine. Dans la cuisine, ça sent très bon : Victor est en train de cuisiner. Clara va le saluer et se présenter. Victor est très grand, avec les cheveux longs et les yeux marrons. L'inverse exact d'Amandine ! Cela fait sourire Clara.

Victor cuisine un bœuf bourguignon. Clara s'empresse de lui demander la recette.

« C'est vraiment facile, explique Victor. Du bœuf, des petits oignons, des champignons, des carottes, un bouquet garni et du vin. Rien de compliqué, l'essentiel c'est de le préparer en avance, parce que c'est bien meilleur si ça cuit longtemps.

10. Paris, I love you!

The girls climb the stairs to the beautiful building where Amandine lives with her boyfriend Victor. They knock on the door, and it's Amandine who comes to open, with a broad smile: "Booonjour!" Amandine is tiny. She has short brown hair, big blue eyes and a huge smile. She seems really nice. The girls enter the small apartment. On the right, there's a kitchen and bathroom. Opposite is the living room, overlooking the street. On the left, there are two small bedrooms and a toilet. It's small, but very pretty and warm. Amandine guides her friends to the guest room, which is actually a study with a fold-out sofa: they'll be sleeping in the same bed for a week. The kitchen smells delicious: Victor is cooking. Clara greets him and introduces herself. Victor is very tall, with long hair and brown eyes. The exact opposite of Amandine! This makes Clara smile.

Victor is cooking a boeuf bourguignon. Clara is quick to ask him for the recipe.

"It's really easy, explains Victor. Beef, small onions, mushrooms, carrots, bouquet garni and wine. Nothing complicated, the main thing is to prepare it in advance, because it's much better if it's cooked for a long time.

- Je vais noter la recette, dit alors Clara, pour mon blog. Je peux prendre des photos ?

- Bien sûr ! Mais ce sera encore plus beau dans ton assiette ! » répond Victor.

Un doux bruit se fait entendre dans le salon : Amandine vient d'ouvrir une bouteille de Bordeaux. Elle a disposé des tartines sur un plat, pour l'apéritif. Clara, Victor, Céline et Amandine s'installent ensemble dans le salon et commencent à discuter. Puis, progressivement, d'autres invités arrivent : d'abord Manue et Jean, puis Déborah et Anas. Pour finir, Marie et Matthew arrivent, un peu en retard. Ce sont tous des amis d'Amandine et de Céline. Ils étaient ensemble à l'école, mais ils sont partis faire leurs études et travailler à Paris.

Clara passe une soirée fantastique. Les amis font plein de projets pour la semaine : promenades, visites de musées, cinéma, balade sur le canal Saint Martin, bistrot à Belleville, magasin... Clara a hâte de découvrir la ville avec ses nouveaux amis. Rien de mieux que d'être une touriste accompagnée par des locaux !

Puis le bœuf bourguignon est servi, avec des pâtes fraîches. Victor semble être le cuisinier officiel de la petite bande. Tout le monde se régale. Quand le repas est fini, la vaisselle faite, la table rangée, Manue

- I'm going to write down the recipe, says Clara, for my blog. Can I take photos?

- Of course you can! But it'll look even better on your plate!" replies Victor.

A soft noise can be heard in the living room: Amandine has just opened a bottle of Bordeaux. She's laid out some tartines on a platter for the aperitif. Clara, Victor, Céline and Amandine sit down together in the living room and start chatting. Then, gradually, other guests arrive: first Manue and Jean, then Déborah and Anas. Finally, Marie and Matthew arrive, a little late. They're all friends of Amandine and Céline. They went to school together, but are now studying and working in Paris.

Clara is having a fantastic evening. The friends make lots of plans for the week: walks, museum visits, cinema, a trip on the Canal Saint Martin, a bistro in Belleville, shopping... Clara can't wait to discover the city with her new friends. There's nothing like being a tourist accompanied by locals!

Then the beef bourguignon is served, with fresh pasta. Victor seems to be the official cook for the gang. Everyone is delighted. When the meal is over, the dishes done and the table cleared, Manue and Jean

et Jean décident de rentrer chez eux, car ils habitent un peu loin et sont un peu fatigués. Tous les autres se décident pour une promenade dans Paris « by night. » Clara enfile une petite veste légère et chacun se met en route. De nuit, la Tour Eiffel brille : elle est toute illuminée. Elle est assez loin, mais on dirait qu'elle est toute proche. Comme les immeubles sont bas, elle semble immense.

Le groupe d'amis se dirige doucement vers le centre-ville. C'est une longue marche d'une heure, mais ça en vaut la peine. Clara découvre la vie nocturne de Paris : les étrangers, les touristes, les restaurants, les rues illuminées, les bars, le fleuve, le canal. Les petites ruelles et les grands boulevards haussmanniens. Elle sent bien qu'elle va tomber amoureuse de la ville. Dans le quartier du Marais, les amis s'installent en terrasse pour un dernier verre avant de se séparer. C'est un peu cher, mais quand on n'a jamais bu un verre dans le Marais, il faut une première fois. Autour de la table, ils font le planning de la semaine.

Demain, promenade dans le Parc des Buttes Chaumont, puis pique-nique. Ensuite, direction La Villette pour une nouvelle promenade, peut-être un musée, un verre sur une péniche et une pétanque. Plus tard, dans la semaine : Musée Gustave Moreau, promenade dans le quartier de Pigalle, bouquinistes, promenade

decide to go home, as they live a bit far away and are a little tired. The others decide to take a stroll around Paris by night. Clara puts on a light jacket and everyone sets off. At night, the Eiffel Tower shines: it's all lit up. It's quite far away, but it looks as if it's very close. As the buildings are so low, it looks immense.

The group of friends heads slowly towards the city center. It's a long, hour-long walk, but well worth it. Clara discovers Paris nightlife: foreigners, tourists, restaurants, illuminated streets, bars, the river, the canal. The little alleys and the grand Haussmann boulevards. She could feel herself falling in love with the city. In the Marais district, friends sit on the terrace for a last drink before going their separate ways. It's a bit expensive, but if you've never had a drink in the Marais, you need a first time. Around the table, they review the week's schedule.

Tomorrow, a walk in the Parc des Buttes Chaumont, followed by a picnic. Then off to La Villette for another walk, maybe a museum, a drink on a barge and a game of pétanque. Later in the week: Musée Gustave Moreau, a walk in the Pigalle district, bookshops, a stroll through the various covered passages, the

dans les différents passages couverts, quartier latin, quartier Saint Germain, Panthéon, la Sorbonne, le Luxembourg... Tous ces noms qui font briller les yeux de Clara. Légèrement pompette et grisée par la vie nocturne de la capitale, elle parle un peu fort et rit avec enthousiasme. Céline est fière de son amie, qui, malgré son accent américain toujours présent, parle maintenant un très bon français.

La semaine va passer très vite avec toutes ces activités ! Mais il faut rentrer se coucher pour être en forme le lendemain matin. Tout le monde rentre en métro. Clara et Céline préparent leur lit, se brossent les dents et passent leurs pyjamas. Quand elles vont se coucher, Céline ne tarde pas à s'endormir. Mais elle est réveillée par la lumière du téléphone de Clara.

« Éteins ton téléphone, bécasse ! lui dit-elle. Je dors, et puis tu devrais dormir aussi.

- Attends, attends, je viens de recevoir un message, explique Clara.

- Ne me dit pas que c'est plus important que de dormir, bougonne Céline, visiblement fatiguée.

- Alors figure-toi que si, c'est super important, répond Clara en souriant.

- Ah, et c'est qui, ton prince

Latin Quarter, the Saint Germain district, the Pantheon, the Sorbonne, Luxembourg... All names that make Clara's eyes sparkle. Slightly tipsy and intoxicated by the capital's nightlife, she talks a little loudly and laughs enthusiastically. Céline is proud of her friend, who, despite her ever-present American accent, now speaks very good French.

The week will go by very quickly with all these activities! But we've got to get back to bed, so we're ready for the next morning. Everyone takes the metro home. Clara and Céline make up their beds, brush their teeth and change into their pyjamas. When they go to bed, Céline is fast asleep. But she's awakened by the light from Clara's telephone.

"Turn off your phone, you twit! she tells him. I'm sleeping, and you should too.

- Wait, wait, I just got a message, Clara explains.

- Don't tell me that's more important than sleeping, grumbles Céline, visibly tired.

- Well, it is, it's super important, replies Clara, smiling.

- Ah, and who's your Prince

charmant ? demande alors Céline, un peu curieuse malgré la fatigue.	Charming? asks Céline, a little curious despite her tiredness.
- Tu ne devineras jamais, défie Clara.	- You'll never guess, challenges Clara.
- Vas-y, balance ! C'est qui ? Je peux pas deviner ! dit Céline, un peu énervée, mais piquée de curiosité.	- Come on, spill it! Who's your Prince Charming? I can't guess! says Céline, a little annoyed, but piqued by curiosity.
- Essaye, au moins. Allez, essaye ! insiste Clara, visiblement aux anges.	- At least try. Come on, give it a try! insists Clara, clearly over the moon.
- Qui ça peut bien être... cherche Céline. Il est à la fac ?	- Who could that be... looks for Céline. Is he at college?
- Nope, pas à la fac. Essaye encore, » dit Clara.	- Nope, not in college. Try again," says Clara.
Céline cherche dans sa mémoire mais n'arrive pas à penser à quelqu'un. Quand il lui vient une idée, soudainement :	Céline searches her memory but can't think of anyone. When an idea suddenly comes to her:
« Non ! Ne me dis pas que c'est... Adam ? demande-t-elle, presque sûre de sa réponse.	"No! Don't tell me it's... Adam? she asks, almost sure of her answer.
- Bingo ! s'exclame Clara, désinhibée par la bière, l'air ravi.	- Bingo! exclaims Clara, uninhibited by the beer, looking delighted.
- Ha ha ! J'étais sûre que vous vous plaisiez ! s'exclame à son tour Céline. Bon allez, réponds vite mais on en parle demain. Cachottière, tu ne m'avais rien dit. Bonne nuit ! »	- Ha ha! I was sure you liked each other! exclaims Céline. Come on, answer quickly, but we'll talk about it tomorrow. You didn't tell me anything about this, you stinker! Good night!"
Clara réprime un rire, répond au message en vitesse, éteins son	Clara suppresses a laugh, answers the message in a hurry, switches off

téléphone et pose sa tête sur son oreiller. Avant de s'endormir, elle a tout juste le temps de se rappeler à quel point elle est chanceuse et heureuse.

her phone and rests her head on her pillow. Before falling asleep, she has just enough time to remember how lucky and happy she is.

Questions (Chapitre 10)

1. Où dorment Clara et Céline chez Amandine ?
a) Dans la chambre d'amis sur un canapé dépliable
b) Dans la chambre d'amis avec un grand lit
c) Dans la chambre d'Amandine
d) Dans le salon avec un petit lit

2. Que cuisine Victor pour le dîner ?
a) Une salade niçoise
b) Des pâtes carbonara
c) Un poulet rôti
d) Un bœuf bourguignon

3. Que font Manue et Jean après le dîner ?
a) Ils décident de faire une promenade dans Paris
b) Ils rentrent chez eux car ils sont fatigués
c) Ils proposent de faire une pétanque
d) Ils restent pour prendre un dernier verre

4. Où le groupe d'amis se rend-il pour un dernier verre avant de se séparer ?
a) Au quartier Saint Germain
b) Au Parc des Buttes Chaumont
c) Au Marais
d) À La Villette

5. Qui est l'expéditeur du message que Clara reçoit ?
a) Julien
b) Adam

Questions (Chapter 10)

1. Where do Clara and Céline sleep at Amandine's?
a) In the guest room on a fold-out couch
b) In the guest room with a large bed
c) In Amandine's room
d) In the living room with a small bed

2. What does Victor cook for dinner?
a) A Niçoise salad
b) Carbonara pasta
c) A roasted chicken
d) Beef Bourguignon

3. What do Manue and Jean do after dinner?
a) They decide to take a stroll in Paris
b) They go home because they are tired
c) They suggest playing a game of pétanque
d) They stay for one last drink

4. Where does the group of friends go for a final drink before parting ways?
a) In the Saint Germain district
b) In the Buttes Chaumont Park
c) In the Marais
d) In La Villette

5. Who is the sender of the message Clara receives?
a) Julien
b) Adam

c) Christophe
d) Son père

c) Christophe
d) Her father

Bonus 1
Recette du Bœuf Bourguignon

Ingrédients

- 1,5 kg de viande de boeuf pour ragoût, coupée en cubes
- 200 g de lardons
- 2 oignons, hachés
- 4 carottes, coupées en rondelles
- 4 gousses d'ail, émincées
- 750 ml de vin rouge (de préférence Bourguignon)
- 500 ml de bouillon de bœuf
- 2 cuillères à soupe de concentré de tomate
- 3 branches de thym
- 2 feuilles de laurier
- Sel et poivre au goût
- 2 cuillères à soupe de farine
- 2 cuillères à soupe d'huile d'olive
- Champignons de Paris (facultatif)
- Persil frais pour la garniture

Élaboration

1. Dans une grande cocotte, faire revenir les lardons dans l'huile d'olive jusqu'à ce qu'ils soient dorés. Les retirer et les réserver.
2. Enfariner les morceaux de viande, puis les faire dorer dans la cocotte. Ajouter les oignons et l'ail, les laisser revenir.
3. Verser le vin rouge dans la cocotte pour déglacer, puis ajouter le concentré de tomate, le bouillon, le thym, le laurier, les carottes et les lardons réservés.
4. Porter à ébullition, puis réduire le feu, couvrir et laisser mijoter pendant environ 2 heures ou jusqu'à ce que la viande soit tendre.
5. En fin de cuisson, ajouter les champignons de Paris (si utilisés) et ajuster l'assaisonnement. Laisser mijoter encore 15 minutes.
6. Servir le bœuf Bourguignon sur un lit de purée de pommes de terre, de pâtes fraîches ou de riz. Garnir de persil frais.

Bonus 1
Bœuf Bourguignon Recipe

Ingredients

- 1.5 kg beef stew meat, cubed
- 200 g lardons
- 2 onions, chopped
- 4 carrots, sliced
- 4 garlic cloves, minced
- 750 ml red wine (preferably Burgundy)
- 500 ml beef broth
- 2 tablespoons tomato paste
- 3 sprigs of thyme
- 2 bay leaves
- Salt and pepper to taste
- 2 tablespoons flour
- 2 tablespoons olive oil
- Button mushrooms (optional)
- Fresh parsley for garnish

Preparation

1. In a large Dutch oven, sauté the lardons in olive oil until golden. Remove and set aside.
2. Coat the beef cubes with flour and brown them in the Dutch oven. Add chopped onions and garlic; let them sauté.
3. Pour red wine into the Dutch oven to deglaze. Add tomato paste, beef broth, thyme, bay leaves, carrots, and the reserved lardons.
4. Bring to a boil, then reduce heat, cover, and simmer for about 2 hours or until the meat is tender.
5. Towards the end, add button mushrooms (if using) and adjust the seasoning. Simmer for an additional 15 minutes.
6. Serve Bœuf Bourguignon over mashed potatoes, fresh pasta, or rice. Garnish with fresh parsley.

Bonus 2
Clara's Book 8 in the series
Chapter 1: Promenades dans Paris

C'est le premier matin de Clara à Paris. Elle se réveille avant **tout le monde**, avec un léger **mal de tête** qui lui rappelle les quelques verres pris en terrasse hier avec ses nouveaux amis. Elle se lève doucement pour ne pas réveiller Céline, qui dort **à côté d'**elle. Elle prend son téléphone, son livre. Il est sept heures du matin et tout le monde dort dans l'appartement, alors elle décide de préparer un café et de s'installer dans le salon pour **bouquiner**. Elle va dans la cuisine, cherche le café, la cafetière, prépare une tasse. Pendant que le café coule, elle réalise qu'elle a un peu faim. Elle décide de **s'habiller** et de descendre à la boulangerie pour chercher des croissants et des pains au chocolat. Elle en achète assez pour tout le monde, et aussi une belle baguette pas trop cuite.

Quand elle rentre dans l'appartement, tout le monde dort encore. Elle va dans la salle de bain, fait un brin de toilette, prend un **cachet d'aspirine** pour son mal de tête, puis se sert un café dans la cuisine. Elle prend une assiette, un croissant et un pain au chocolat et va s'installer confortablement sur le canapé du salon, avec son petit-déjeuner et son livre. Elle reste ainsi pendant plus d'une heure, à lire et à boire du café, jusqu'à **s'assoupir** sur le sofa, quand Victor **fait son apparition** dans le salon.

« Tu **es** bien **matinale** ! lui dit-elle quand elle ouvre les yeux.

- Ah, mais tu vois, je m'étais rendormie. Tu as bien dormi ? Je ne vous ai pas réveillés en faisant du bruit dans la cuisine et la salle de bain ? demande Clara.

- **Pas du tout** ! Amandine **dort** encore **à poings fermés**, je pense que Céline dort aussi. Il reste du café ? demande Victor.

- Oui, bien sûr, plein ! Et il y a des croissants et des pains au chocolat dans la cuisine, sers-toi, propose Clara.

- Ah, super, quel luxe ! Un vrai petit-déjeuner de week-end. Merci ! »

Tout le monde (locution pronom) : everybody, all
Mal de tête (m) (nom commun) : headache
À côté de (locution prépositionnelle) : next to, alongside
Bouquiner (verbe) : to read
S'habiller (verbe pronominal) : to get dressed
Cachet d'aspirine (m) (nom commun) : aspirin tablet
S'assoupir (verbe pronominal) : to doze off, to nod off
Faire son apparition (locution verbale) : to appear
Être matinal (locution verbale) : to be a morning person
Pas du tout (locution adverbiale) : not at all, absolutely not
Dormir à poings fermés (locution verbale) : to be fast asleep

Victor va se servir dans la cuisine et s'installe en face de Clara, sur un **fauteuil**. Tous les deux commencent à discuter. Victor pose plein de questions à Clara, sur sa vie aux États-Unis, sa vie en France, sa famille, les différences culturelles entre les deux pays, ce qu'elle aime, ce qu'elle préfère. Il lui raconte aussi sa propre vie : il est musicien professionnel. Ce n'est pas une vie facile car on doit constamment **se battre** pour trouver des dates de concert, et pour **conquérir** son public. Mais il vit de sa passion et pour lui, ça n'a pas de prix. Il fait écouter quelques-unes de ses **chansons** à Clara, elle trouve ça très joli. C'est la musique qui semble réveiller Amandine et Céline.

Elles se lèvent et **rejoignent** leurs amis dans le salon, une tasse de café dans une main et un croissant dans l'autre. Les quatre amis prennent le temps de **discuter** longuement **de tout et de rien** avant de préparer le programme de la journée. Il est prévu d'aller faire une promenade dans le parc des Buttes

Chaumont et de retrouver les amis pour un pique-nique. Il faut préparer le pique-nique : faire quelques courses pour préparer une grosse salade composée, quelques fruits, acheter une bouteille de vin et des œufs.

Victor **se dévoue** pour aller faire les courses. Pendant ce temps, les filles prennent leurs douches, **aèrent** l'appartement, rangent la cuisine et le salon, font leurs lits. Amandine fait cuire du **riz** pour préparer la salade composée. Céline contacte les amis pour voir qui est toujours partant pour la promenade et le pique-nique. Manue, Marie et Déborah sont déjà levées aussi et en train de se préparer. Elles apportent du vin, du pain, du fromage et du saucisson. C'est tellement français que ça fait rire Clara, qui trouve ça presque cliché. Céline lui **fait remarquer** qu'elle devrait avoir l'habitude, maintenant : croissants, pain, saucisson, fromage : ce n'est pas du cliché, c'est du vrai ! « Il n'y a pas de mal à se faire plaisir, » ajoute Amandine, en se brossant les dents.

Quand Victor rentre et prend sa douche, Amandine continue de préparer la salade. Clara **apporte** un peu d'aide dans la cuisine et Céline et Victor préparent le sac à pique-nique. Tout est **prêt** ! On met les chaussures et on y va.

Fauteuil (m) (nom commun) : armchair
Se battre (verbe pronominal) : to fight
Conquérir (verbe) : to win over
Chanson (f) (nom commun) : song, ballad
Rejoindre (verbe) : to join
Parler/discuter de tout et de rien (locution verbale) : to talk about anything and everything
Se dévouer (verbe pronominal) : to devote, to dedicate
Aérer (verbe) : to air, to ventilate
Riz (m) (nom commun) : rice
Faire remarquer (locution verbale) : to point [sth] out
Apporter (verbe) : to provide, to lend a hand (in this context)
Prêt (adjectif) : ready

Il est dix heures trente et la ville est déjà très animée. Les rues sont pleines de monde, et Clara regarde cette agitation avec plaisir. Elle n'arrête pas de lever les yeux vers les **bâtiments** qui l'**entourent**. C'est une très belle ville, l'architecture est admirable, vraiment. Les rues montent et descendent, elle découvre le quartier de Belleville-Pyrénées. Quand ils arrivent au parc des Buttes Chaumont, Clara découvre un immense espace vert, avec de grandes

allées bordées d'arbres et de massifs de fleurs ainsi que de **prairies**. **Au centre**, en contrebas, il y a même un lac avec des canards et des **cygnes**. Amandine explique que le parc a été créé sous le **règne** de Napoléon III. Aujourd'hui, c'est un parc très apprécié des familles parisiennes qui viennent s'y promener, faire leur jogging, emmener leurs enfants...

Les amis s'installent pour pique-niquer près du lac, **à l'ombre** d'un grand arbre. Avec tout ça, Clara en a presque oublié Adam ; Céline, elle, n'a pas oublié la petite conversation avant de s'endormir... Elle profite d'un moment un peu privé pour discuter avec son amie.

« Alors, Adam et toi, vous... dit-elle pour lancer la conversation, très curieuse.

- Alors ce n'est pas ce que tu crois, répond Clara, qui ne peut **pourtant** pas réprimer un sourire. On n'a pas flirté, vraiment, on discute, c'est tout !

- C'est drôle mais tu m'as donné une tout autre impression hier soir, rit Céline. Allez, dis-moi !

- Bon, mais je ne sais pas, oui, il me plaît ! Mais c'est vrai, il ne s'est rien passé, on s'est écrit après notre départ, c'est tout, explique Clara, un peu **gênée**. C'est que c'est un ami de ta famille, et il est un peu plus âgé que moi, ça me dérange un peu.

- Le fait qu'il soit proche de notre famille ne l'engage à rien, si ce n'est à être correct avec toi ! Vous faites bien ce que vous voulez, réplique Céline. Moi, je crois que tu lui as beaucoup plu ! »

Clara est un peu rassurée – et surtout très contente d'avoir un **regard** extérieur positif. Elle n'a pas rêvé : **il y a** quelque chose entre eux.

Bâtiment (m) (nom commun) : building
Entourer (verbe) : to surround
Allée (f) (nom commun) : avenue
Prairie (f) (nom commun) : pasture, meadow
Au centre (locution adverbiale) : in the middle
Cygne (m) (nom commun) : swan
Règne (m) (nom commun) : reign, dominion
À l'ombre (locution adverbiale) : in the shade
Pourtant (adverbe) : yet, however

Gêné (adjectif) : embarrassed
Regard (f) (nom commun) : opinion, viewpoint (in this context)
Il y a (locution verbale) : there is, there are

Questions (Bonus 2)

1. Que décide Clara de faire lorsque tout le monde dort encore dans l'appartement ?
a) Elle commence à préparer des crêpes pour tout le monde
b) Elle retourne se coucher dans sa chambre
c) Elle part faire une promenade dans la ville
d) Elle prépare un café et lit un livre dans le salon

2. Pourquoi Clara prend-elle un cachet d'aspirine dans la salle de bain ?
a) Parce qu'elle veut être en forme pour la journée
b) Pour se réveiller complètement
c) Pour soulager son mal de tête
d) Parce qu'elle se sent fatiguée

3. Quelle est la profession de Victor ?
a) Chef cuisinier
b) Musicien professionnel
c) Écrivain
d) Acteur de théâtre

4. Que prévoient de faire les amis après leur promenade au parc des Buttes Chaumont ?
a) Regarder un film
b) Faire un pique-nique
c) Aller au musée
d) Visiter une galerie d'art

5. Pourquoi Clara est-elle un peu gênée en parlant de sa relation avec Adam ?
a) Parce qu'elle pense que Céline désapprouve sa relation
b) Parce qu'elle trouve qu'Adam est un peu trop jeune pour elle
c) Parce qu'Adam est un ami de la famille de Céline et est plus âgé qu'elle
d) Parce qu'elle pense qu'Adam ne s'intéresse pas vraiment à elle

(Bonus 2)

1. Promenades dans Paris

C'est le premier matin de Clara à Paris. Elle se réveille avant tout le monde, avec un léger mal de tête qui lui rappelle les quelques verres pris en terrasse hier avec ses nouveaux amis. Elle se lève doucement pour ne pas réveiller Céline, qui dort à côté d'elle. Elle prend son téléphone, son livre. Il est sept heures du matin et tout le monde dort dans l'appartement, alors elle décide de préparer un café et de s'installer dans le salon pour bouquiner. Elle va dans la cuisine, cherche le café, la cafetière, prépare une tasse. Pendant que le café coule, elle réalise qu'elle a un peu faim. Elle décide de s'habiller et de descendre à la boulangerie pour chercher des croissants et des pains au chocolat. Elle en achète assez pour tout le monde, et aussi une belle baguette pas trop cuite.

Quand elle rentre dans l'appartement, tout le monde dort encore. Elle va dans la salle de bain, fait un brin de toilette, prend un cachet d'aspirine pour son mal de tête, puis se sert un café dans la cuisine. Elle prend une assiette, un croissant et un pain au chocolat et va s'installer confortablement sur le canapé du salon, avec son petit-déjeuner et son livre. Elle reste ainsi pendant plus d'une heure, à lire et à boire du café, jusqu'à s'assoupir sur le sofa, quand

(Bonus 2)

1. Strolls in Paris

It's Clara's first morning in Paris. She wakes up before everyone else, with a slight headache that reminds her of yesterday's drinks on the terrace with her new friends. She gets up slowly so as not to wake Céline, who is sleeping next to her. She picks up her phone and her book. It's seven o'clock in the morning and everyone in the apartment is asleep, so she decides to make a coffee and sit down in the living room to read. She goes into the kitchen, finds the coffee, the pot and prepares a cup. As the coffee brews, she realizes she's a little hungry. She decides to get dressed and go down to the bakery for croissants and pains au chocolat. She buys enough for everyone, as well as a nice baguette that's not overcooked.

When she enters the apartment, everyone is still asleep. She goes into the bathroom, cleans up a bit, takes an aspirin tablet for her headache, then pours herself a cup of coffee in the kitchen. She takes a plate, a croissant and a pain au chocolat and settles comfortably on the sofa in the living room, with her breakfast and her book. She stays like this for over an hour, reading and drinking coffee, until she dozes off on the sofa, when Victor appears in the living room.

Victor fait son apparition dans le salon.

« Tu es bien matinale ! lui dit-elle quand elle ouvre les yeux.

- Ah, mais tu vois, je m'étais rendormie. Tu as bien dormi ? Je ne vous ai pas réveillés en faisant du bruit dans la cuisine et la salle de bain ? demande Clara.

- Pas du tout ! Amandine dort encore à poings fermés, je pense que Céline dort aussi. Il reste du café ? demande Victor.

- Oui, bien sûr, plein ! Et il y a des croissants et des pains au chocolat dans la cuisine, sers-toi, propose Clara.

- Ah, super, quel luxe ! Un vrai petit-déjeuner de week-end. Merci ! »

Victor va se servir dans la cuisine et s'installe en face de Clara, sur un fauteuil. Tous les deux commencent à discuter. Victor pose plein de questions à Clara, sur sa vie aux États-Unis, sa vie en France, sa famille, les différences culturelles entre les deux pays, ce qu'elle aime, ce qu'elle préfère. Il lui raconte aussi sa propre vie : il est musicien professionnel. Ce n'est pas une vie facile car on doit constamment se battre pour trouver des dates de concert, et pour conquérir son public. Mais il vit de sa passion et pour lui, ça n'a pas de

"You're up bright and early, she says when she opens her eyes.

- Ah, but you see, I fell asleep again. Did you sleep well? I didn't wake you up by making a noise in the kitchen and bathroom? asks Clara.

- No, you didn't! Amandine is still sound asleep, and I think Céline is asleep too. Is there any coffee left? asks Victor.

- Yes, of course, plenty! And there are croissants and pains au chocolat in the kitchen, help yourself, suggests Clara.

- Ah, great, what luxury! A real weekend breakfast. Thank you!"

Victor goes into the kitchen to help himself and sits down opposite Clara on an armchair. The two of them start chatting. Victor asks Clara lots of questions, about her life in the U.S., her life in France, her family, the cultural differences between the two countries, what she likes, what she prefers. He also tells her about his own life: he's a professional musician. It's not an easy life, as you constantly have to fight to find concert dates and win over your audience. But he makes a living from his passion, and for him, that's priceless. He plays a

prix. Il fait écouter quelques-unes de ses chansons à Clara, elle trouve ça très joli. C'est la musique qui semble réveiller Amandine et Céline.

Elles se lèvent et rejoignent leurs amis dans le salon, une tasse de café dans une main et un croissant dans l'autre. Les quatre amis prennent le temps de discuter longuement de tout et de rien avant de préparer le programme de la journée. Il est prévu d'aller faire une promenade dans le parc des Buttes Chaumont et de retrouver les amis pour un pique-nique. Il faut préparer le pique-nique : faire quelques courses pour préparer une grosse salade composée, quelques fruits, acheter une bouteille de vin et des œufs.

Victor se dévoue pour aller faire les courses. Pendant ce temps, les filles prennent leurs douches, aèrent l'appartement, rangent la cuisine et le salon, font leurs lits. Amandine fait cuire du riz pour préparer la salade composée. Céline contacte les amis pour voir qui est toujours partant pour la promenade et le pique-nique. Manue, Marie et Déborah sont déjà levées aussi et en train de se préparer. Elles apportent du vin, du pain, du fromage et du saucisson. C'est tellement français que ça fait rire Clara, qui trouve ça presque cliché. Céline lui fait remarquer qu'elle devrait avoir l'habitude, maintenant : croissants, pain, saucisson, fromage : ce n'est pas du cliché, c'est du vrai !

few of his songs for Clara, and she thinks it's lovely. It's the music that seems to wake Amandine and Céline up.

They get up and join their friends in the living room, a cup of coffee in one hand and a croissant in the other. The four friends take the time to chat at length about everything and anything, before preparing the day's program. The plan is to go for a walk in the Buttes Chaumont park and meet up with the friends for a picnic. We need to prepare the picnic: do some shopping for a large mixed salad, some fruit, and buy a bottle of wine and some eggs.

Victor devotes himself to running errands. Meanwhile, the girls shower, air out the apartment, tidy up the kitchen and living room, and make their beds. Amandine cooks rice for the mixed salad. Céline contacts friends to see who's still up for the walk and picnic. Manue, Marie and Déborah are also already up and getting ready. They bring wine, bread, cheese and saucisson. It's so French that Clara laughs, finding it almost cliché. Céline points out that she should be used to it by now: croissants, bread, saucisson, cheese: it's not cliché, it's the real thing! "There's nothing wrong with indulging," adds Amandine, as she brushes her teeth.

« Il n'y a pas de mal à se faire plaisir, » ajoute Amandine, en se brossant les dents.

Quand Victor rentre et prend sa douche, Amandine continue de préparer la salade. Clara apporte un peu d'aide dans la cuisine et Céline et Victor préparent le sac à pique-nique. Tout est prêt ! On met les chaussures et on y va.

Il est dix heures trente et la ville est déjà très animée. Les rues sont pleines de monde, et Clara regarde cette agitation avec plaisir. Elle n'arrête pas de lever les yeux vers les bâtiments qui l'entourent. C'est une très belle ville, l'architecture est admirable, vraiment. Les rues montent et descendent, elle découvre le quartier de Belleville-Pyrénées. Quand ils arrivent au parc des Buttes Chaumont, Clara découvre un immense espace vert, avec de grandes allées bordées d'arbres et de massifs de fleurs ainsi que de prairies. Au centre, en contrebas, il y a même un lac avec des canards et des cygnes. Amandine explique que le parc a été créé sous le règne de Napoléon III. Aujourd'hui, c'est un parc très apprécié des familles parisiennes qui viennent s'y promener, faire leur jogging, emmener leurs enfants...

Les amis s'installent pour pique-niquer près du lac, à l'ombre d'un grand arbre. Avec tout ça, Clara en a presque oublié Adam ; Céline, elle,

When Victor comes home to shower, Amandine continues to prepare the salad. Clara helps out in the kitchen, and Céline and Victor prepare the picnic bag. All set! Shoes on and off we go.

It's ten-thirty and the town is already bustling. The streets are full of people, and Clara watches the bustle with pleasure. She keeps looking up at the buildings around her. It's a beautiful city, and the architecture is truly admirable. The streets go up and down, and she discovers the Belleville-Pyrénées district. When they arrive at the Parc des Buttes Chaumont, Clara discovers an immense green space, with wide avenues lined with trees, flowerbeds and meadows. In the center, below the park, there's even a lake with ducks and swans. Amandine explains that the park was created during the reign of Napoleon III. Today, it's a popular place for Parisian families to stroll, jog or take their children...

The friends settle down for a picnic by the lake, in the shade of a large tree. With all this, Clara has almost forgotten Adam; Céline, on the

n'a pas oublié la petite conversation avant de s'endormir... Elle profite d'un moment un peu privé pour discuter avec son amie.

« Alors, Adam et toi, vous... dit-elle pour lancer la conversation, très curieuse.

- Alors ce n'est pas ce que tu crois, répond Clara, qui ne peut pourtant pas réprimer un sourire. On n'a pas flirté, vraiment, on discute, c'est tout !

- C'est drôle mais tu m'as donné une tout autre impression hier soir, rit Céline. Allez, dis-moi !

- Bon, mais je ne sais pas, oui, il me plaît ! Mais c'est vrai, il ne s'est rien passé, on s'est écrit après notre départ, c'est tout, explique Clara, un peu gênée. C'est que c'est un ami de ta famille, et il est un peu plus âgé que moi, ça me dérange un peu.

- Le fait qu'il soit proche de notre famille ne l'engage à rien, si ce n'est à être correct avec toi ! Vous faites bien ce que vous voulez, réplique Céline. Moi, je crois que tu lui as beaucoup plu ! »

Clara est un peu rassurée – et surtout très contente d'avoir un regard extérieur positif. Elle n'a pas rêvé : il y a quelque chose entre eux.

Questions (Bonus 2)

1. Que décide Clara de faire lorsque tout le monde dort encore dans l'appartement ?
a) Elle commence à préparer des crêpes pour tout le monde
b) Elle retourne se coucher dans sa chambre
c) Elle part faire une promenade dans la ville
d) Elle prépare un café et lit un livre dans le salon

2. Pourquoi Clara prend-elle un cachet d'aspirine dans la salle de bain ?
a) Parce qu'elle veut être en forme pour la journée
b) Pour se réveiller complètement
c) Pour soulager son mal de tête
d) Parce qu'elle se sent fatiguée

3. Quelle est la profession de Victor ?
a) Chef cuisinier
b) Musicien professionnel
c) Écrivain
d) Acteur de théâtre

4. Que prévoient de faire les amis après leur promenade au parc des Buttes Chaumont ?
a) Regarder un film
b) Faire un pique-nique
c) Aller au musée
d) Visiter une galerie d'art

**5. Pourquoi Clara est-elle un peu gênée en parlant de sa relation avec

Questions (Bonus 2)

1. What does Clara decide to do when everyone is still asleep in the apartment?
a) She starts making crepes for everyone
b) She goes back to bed in her room
c) She goes for a walk in the city
d) She prepares a coffee and reads a book in the living room

2. Why does Clara take an aspirin pill in the bathroom?
a) Because she wants to be fit for the day
b) To wake up completely
c) To relieve her headache
d) Because she feels tired

3. What is Victor's profession?
a) Chef
b) Professional musician
c) Writer
d) Theater actor

4. What do the friends plan to do after their walk in Parc des Buttes Chaumont?
a) Watch a movie
b) Have a picnic
c) Go to a museum
d) Visit an art gallery

**5. Why is Clara a little embarrassed talking about her relationship with

Adam ?
a) Parce qu'elle pense que Céline désapprouve sa relation
b) Parce qu'elle trouve qu'Adam est un peu trop jeune pour elle
c) Parce qu'Adam est un ami de la famille de Céline et est plus âgé qu'elle
d) Parce qu'elle pense qu'Adam ne s'intéresse pas vraiment à elle

Adam?
a) Because she thinks Céline disapproves of her relationship
b) Because she thinks Adam is a bit too young for her
c) Because Adam is a friend of Céline's family and is older than her
d) Because she thinks Adam is not really interested in her

Answers

Chapter 1
1 : b
2 : b, d
3 : c
4 : a
5 : b

Chapter 2
1 : d
2 : c
3 : a
4 : c
5 : a

Chapter 3
1 : c
2 : d
3 : c
4 : b
5 : b

Chapter 4
1 : a
2 : b
3 : c
4 : c
5 : b

Chapter 5
1 : c
2 : d
3 : a
4 : b
5 : c

Chapter 6
1 : b
2 : b
3 : c
4 : c
5 : b

Chapter 7
1 : c
2 : d
3 : d
4 : c
5 : b

Chapter 8
1 : b
2 : b
3 : c
4 : a
5 : c

Chapter 9
1 : c
2 : c
3 : b
4 : a
5 : a

Chapter 10
1 : a
2 : d
3 : b
4 : c
5 : b

Bonus 2 - Chapter 1
1 : d
2 : c
3 : b
4 : b
5 : c

Download the Audiobook & PDF below!

www.ingramcontent.com/pod-product-compliance
Lightning Source LLC
Chambersburg PA
CBHW072056110526
44590CB00018B/3201